Friedrich Hänssler

Unter Gottes Führung

Menschen, die mein Leben prägten

SCM
Hänssler

SCM

Stiftung Christliche Medien

Der SCM Verlag ist eine Gesellschaft der Stiftung Christliche Medien, einer gemeinnützigen Stiftung, die sich für die Förderung und Verbreitung christlicher Bücher, Zeitschriften, Filme und Musik einsetzt.

MIX
Papier aus verantwortungsvollen Quellen
FSC® C083411

SCM-Verlag GmbH & Co. KG · Max-Eyth-Straße 41 · 71088 Holzgerlingen
Internet: www.scmedien.de · E-Mail: info@scm-verlag.de

Umschlaggestaltung: Kathrin Spiegelberg, Weil im Schönbuch
Titelbild: © privat
Autorenfoto: Patrick Horlacher
Bilder im Innenteil: © privat
Satz: typoscript GmbH, Walddorfhäslach
Druck und Bindung: CPI books GmbH, Leck
Gedruckt in Deutschland
ISBN 978-3-7751-5790-2
Bestell-Nr. 395.790

Inhalt

Vorwort

Ist unser Leben wie ein Buch, das sich von alleine schreibt? Haben an diesem Lebensbuch nicht manche andere, vielleicht sogar viele andere mitgeschrieben? Beeinflusst unsere Vergangenheit die Gegenwart und zeigt, wie wir dahin gekommen sind, wo wir heute sind?

Ganz sicher sind so manche Begegnungen Teil meines Lebensbuches geworden. Martin Buber formulierte das eindrücklich: »Alles wirkliche Leben ist Begegnung.« Der Schriftsteller Manfred Hausmann äußert sich wie folgt: »Die Begegnungen sind es, die das Leben eines jeden ausmachen. Je ärmer ein Leben an Begegnungen ist, umso mehr verödet es. Je häufiger ihm die Gnade einer Begegnung widerfährt, umso wunderbarer leuchtet es.«

»Je ärmer ein Leben an Begegnungen ist, umso mehr verödet es.«

Auf meinem Lebensweg wurde ich durch eine Vielzahl von Begegnungen mit sehr bekannten Persönlichkeiten persönlich beschenkt, aber oft auch mit recht einfachen, ganz schlichten Menschen, die mit ihrem Wesen und Leben, mit Herzen, Mund und Händen bezeugten, dass Gott lebt, und mir es leichter machten zu glauben. Menschen mit Vorbildcharakter, die durchaus prägend wirkten. Impulse, die sich wie ein roter Faden durch mein Leben ziehen. Die konnten es zwar weder verlängern noch verbreitern, dafür aber vertiefen. Es waren Begegnungen mit oft unerwarteten Nebenwirkungen, Begegnungen, die ich rückblickend als gute Planung Gottes erkennen konnte und die mir immer wieder verdeutlichten, dass unser Leben eine Reise ist, die heimwärts führt.

Noch ein anderer Gedanke: Vorbilder prägen einen Menschen. Es ist wie im wirklichen Leben: Menschen folgen viel leichter anderen Fußspuren als anderem Rat. Albert Schweitzer hat dafür die treffenden Worte gefunden: »Vorbild zu sein, ist nicht die Hauptsache in der Beeinflussung anderer. Es ist die einzige Möglichkeit.« Die Evangelien erzählen immer wieder, wie Jesus Menschen begegnete, oft auf der »Straße«, wo sich das Leben abspielt, wo er sie angesprochen hat oder sich ansprechen ließ, ganz persönlich, mit entscheidenden, mit alles verändernden Nachwirkungen. »... da begegnete ihnen Jesus« (Matthäus 28,9). Und sagen uns nicht unsere Erfahrungen bis heute, dass unser ganzes Leben aus vielen Gelegenheiten, Jesus zu begegnen, besteht? Eine solche Begegnung, eine Gottesbegegnung, ist die wichtigste, entscheidendste und folgenreichste Begegnung im Leben eines Menschen. Denn »Gott, der jedermann gern gibt« (Jakobus 1,5 nach Luther 84), verändert ein Menschenleben grundlegend! Wenn sich der Allerhöchste durch Jesus Christus einem Menschen zuwendet, dann tut er das wie ein Vater und auf vielfältige Weise. Wie ein Vater ermahnt er uns auch: »Wenn ihr stille bliebet, so würde euch

»Vorbild zu sein, ist nicht die Hauptsache in der Beeinflussung anderer. Es ist die einzige Möglichkeit.«

geholfen; durch Stillesein und Hoffen würdet ihr stark sein« (Jesaja 30,15). Begegnungen sind nicht Zufall, Begegnungen sind von Gott gewirkt und dienen zum Bau *seines* Reiches. Sie haben einen tieferen Sinn – unabhängig vom Rang und Namen eines Menschen –, welcher sich oftmals erst zu einem sehr viel späteren Zeitpunkt offenbart. Und sie erfüllen jederzeit einen bestimmten Zweck, der entweder uns selbst, unserem Gegenüber oder aber beiden Menschen hilfreich und wegweisend sein kann.

»Immer ist die wichtigste Stunde die gegenwärtige; immer ist der wichtigste Mensch, der dir gerade gegenübersteht; immer ist die wichtigste Tat die Liebe.«

(Meister Eckhart, spätmittelalterlicher Theologe und Philosoph)

Mein Patenonkel

Mein Patenonkel Christian Wais gehörte zu der Art glaubhafter Jesusnachfolger. Von seinen Lebensumständen her gesehen, wurde er sicher nicht verwöhnt. Eine Gasvergiftung mit langen Nachwirkungen, bis hin zur zeitweiligen Blindheit, der Verlust von Daumen und Finger einer Hand waren »Erinnerungen« seiner Teilnahme als Soldat an den sinnlos mörderischen Kämpfen während des Ersten Weltkriegs in Frankreich. Er gehörte zu einem Freundeskreis von sechs jungen Männern, die aus zwei eng benachbarten Ortschaften stammten, und nachdem sie fast gleichzeitig zum Glauben an Jesus Christus fanden, miteinander verbindlich lebten, nicht als Bewunderer, sondern als Nachfolger Jesu Christi. Missionarisch gesehen, waren sie keine »Unterlasser«, sondern »Unternehmer«, man konnte ihnen das Wort von Jesus abnehmen. Jeder der sechs, die ich alle persönlich kannte, hatte seine eigene, ganz individuelle Lebensführung. So hatte es sich ergeben, dass einige zwar durch Beruf, Familie und Dienst am Reich Gottes räumlich getrennt lebten, aber geistlich waren sie lebenslang eng miteinander verbunden, ohne Trübung ihres Verhältnisses durch irgendeine Wolke dazwischen. Mehrere dieses Freundesbundes wurden bekannte Persönlichkeiten, gründeten wichtige christliche Werke oder begleiteten sie verantwortlich. Psalm 32,8 ist in ihrer »Weggenossenschaft« Realität geworden: »Ich will dich unterweisen und dir den Weg zeigen, den du wandeln sollst; ich will dich mit meinen Augen leiten.« Wobei manche ihrer Wege zunächst weder gebahnt schienen noch lustig waren. Es waren Wege der Berufung und dadurch gangbar und keine Wege der Selbstbestimmung oder eigener Wahl.

Mit weltlichen Maßstäben gemessen, war mein Patenonkel zwar ein beliebter und geschätzter Mann, aber ansonsten wohl der Erfolgloseste der Freunde. Als Prediger und besonders auch als begabter Seelsorger leitete er ein Bibelseelsorgeheim. Als kleiner Bub durfte ich mit meinen Eltern in seinem Erholungsheim ein Wochenende verbringen, eine der wenigen Begegnungen und Erinnerungen. Bald aber häuften sich im Heim die Schwierigkeiten, zunächst durch eine Erkrankung seiner Frau, der Hausmutter des Heimes. Dazu gesellten sich die finanziellen Auswirkungen der damaligen Weltwirtschaftskrise und dann der immer stärker werdende Druck seitens der Nationalsozialisten. Aus wirtschaftlichen und besonders aus politischen Gründen musste das Heim aufgegeben werden. Mein Patenonkel zog nach Bayern, gründete dort eine Lebensmittelfabrik, war, auch kriegsbedingt, zunächst glänzend erfolgreich, dann aber wenige Jahre später der Konkurrenz der »Großen« nicht mehr gewachsen. Es war für ihn nicht einfach, diesen irdischen Verlust zu durchstehen und trotzdem getröstet zu sein.

Es waren Wege der Berufung und dadurch gangbar und keine Wege der Selbstbestimmung oder eigener Wahl.

Wie kam es aber, dass ausgerechnet er, neben manchen anderen, in meinem Leben bleibende Spuren hinterlassen hat? Man war in der damaligen Zeit nicht so mobil, hatte noch kein Auto, um weite Entfernungen zu überbrücken, auch das notwendige Geld fehlte. Deshalb habe ich meinen Patenonkel höchstens viermal in meinem Leben gesehen. Aber das Gebet kennt weder Bereichsgrenzen, noch hat es Entfernungsprobleme. Ich wusste mich umbetet von ihm, begleitet, umgeben aus der Ferne. Beten war für meinen Onkel Vertrauen mit Ausdauer, in sorgloser Heiterkeit und dem Wissen, der himmlische Vater hat noch viel mehr. Es war für ihn ein Lebensstil, ein Lebensprinzip in allen Situationen, ein Asyl für jeden Kummer.

Beten war für meinen Onkel Vertrauen mit Ausdauer, in sorgloser Heiterkeit und dem Wissen, der himmlische Vater hat noch viel mehr.

Als der Zweite Weltkrieg begann, sollte ich im März 1940 in unserer Dorfkirche konfirmiert werden. Schon einige Zeit vorher wurde in der Familie die Frage gestellt, ob wohl der Patenonkel aus diesem Anlass zu uns kommen könnte. Aufgrund der Kriegssituation war eher nicht damit zu rechnen. Außerdem wurde einige Monate zuvor eine von meinem Vater geplante Zeltevangelisationswoche im Ort von den Nazis verboten, ein Pastor verhaftet und für Jahre im Konzentrationslager Dachau gefangen gehalten. Es kam der Tag der Konfirmation heran, von dem ich auch nur noch spärliche Erinnerungen habe. Zehn Tage vor dem Konfirmationstermin wurde ich 13 Jahre alt. Nach meinem heutigen Empfinden war ich für dieses Geschehen noch viel zu jung. Zu diesem Ereignis erwarteten wir – kriegsbedingt – nur eine Handvoll Verwandte. An ein größeres Fest wie heutzutage hat man damals nicht gedacht, das war so auch gar nicht üblich in unserer Familie. Am noch frühen Konfirmationsmorgen hörte man die Hausglocke läuten, und vor der Haustüre stand der Patenonkel. Wie der wohl den weiten Weg hergekommen war? Eine große Freude über diese schöne und perfekte Überraschung überkam uns, auch wenn für die Begrüßung und dem gemeinsamen Gang der Familie zum Gottesdienst nur wenig Zeit blieb. Ich empfand das alles äußerst spannend und aufregend, zumal damals vor überfüllter Kirche von jedem Konfirmanden Bibelworte und Teile des auswendig gelernten Katechismus aufgesagt werden mussten und ich pure Angst vor dieser großen »Öffentlichkeit« hatte.

Nun wandte mein Patenonkel sich mir zu und sagte ganz unvermittelt: »Wir beide gehen jetzt miteinander ins Nebenzimmer«, was dann auch so geschah. An den Inhalt des Gespräches, welches in der Kürze der Zeit stattgefunden hatte, kann ich mich nicht mehr so genau erinnern, umso tiefer aber hat sich das Nachfolgende bei mir eingeprägt. Mein Onkel sagte: »Jetzt knien wir an den Stühlen nieder und beten.« Es war für mich eine besondere »Gottesstunde«, die ich da erlebte, das Gebet dieses Gottesmannes, die Fürbitte für den kleinen Jungen, gerade so, als wollte er mich in das große Herz Gottes hineintragen. Dann legte er mir die Hände auf und segnete mich. Das war nicht spektakulär, das war heilige Natürlichkeit. Im Grunde ist es doch immer Gott selbst, der segnet, so wie er dem Abraham sagte: »Ich will dich segnen ... und du sollst ein Segen sein« (1. Mose 12,2). Gottes Segenszusage ist ein Handeln, eine Zuwendung göttlichen Heils an Menschen und dazu benützt er auch in der Kraft Gottes handelnde Menschen. Ganz sicher hatte ich damals diese Erkenntnis nicht einmal in Spurenelementen, aber doch ein Erleben der Gegenwart des lebendigen, auferstandenen Herrn, eine prägende Realität, etwas, das bleibt, auch wenn es noch nicht eine Lebenshingabe an Christus, den Herrn, war. Aber ich habe die persönliche Erfahrung gemacht, einem »Bevollmächtigten des Christus«, einem Vorbild im Glauben, einem Segensträger begegnet zu sein. Was sollten gegenüber dieser Gottesstunde die durch die Kriegszeit sowieso spärlichen, kaum nennenswerten Konfirmationsgeschenke da noch eine Rolle spielen?

Gottes Segenszusage ist ein Handeln, eine Zuwendung göttlichen Heils an Menschen.

Dem mir bei der Konfirmation zugesprochenen »Denkspruch« aus 2. Timotheus 3,15: »Weil du von Kind auf die Heilige Schrift weißt, kann dich dieselbige unterweisen zur Seligkeit durch den Glauben an Christum Jesum«, konnte ich damals noch nichts Wesentliches abgewinnen.

Soweit ich mich entsinne, bin ich meinem Onkel dann anlässlich eines Gottesdienstes, den er gehalten hat, nur noch einmal begegnet. Aber die tiefen Eindrücke in meinem Leben blieben. Es hat noch lange gebraucht, bis ich etwas von dem verstanden habe, was Friedrich von Bodelschwingh mit seinem Ausspruch meinte: »Niemand empfängt einen Segen nur für sich selbst.«

»Niemand empfängt einen Segen nur für sich selbst.«

Meine Mutter

Es gibt einen etwas spitzen schottischen Ausspruch: »Ein Gramm Mutter ist mehr wert als ein Pfund Klerus.« Das ist wohl als Loblied für die Mutter gedacht, in das ich gerne einstimmen möchte.

Meine Mutter, Friederike Hänssler, geborene Leitenberger, kam 1887 auf einem kleinen Gehöft einer alten einsamen Mühle zur Welt. Ihre Jugend war geprägt von großer Armut, und ihre Mutter starb bei ihrer Geburt. Das hatte Folgen für die ganze Kindheit, welche alles andere als vergnüglich war. Die Stiefmutter konnte keine rechte Beziehung zu der kleinen Friederike aufbauen. Auch ihren Aufgaben schien sie wenig gewachsen zu sein. Schon als Kind musste Friederike im Sommer, noch vor Schulbeginn, ihrem Vater, der als »Straßenwart« für das Umfeld der Landstraßen zuständig war, mit der Sense beim Grasmähen und im Winter beim Schneeräumen helfen. Die Überanstrengung und Überbeanspruchung beeinflussten ihre körperliche Konstitution negativ und führten zu verschiedenen lebenslangen Leiden. Die Inanspruchnahme änderte sich auch nach ihrer Schulzeit nicht. Selbst als sie täglich zu Fuß mehrere Kilometer zur Arbeit in eine Weberei gehen musste, war trotz großer Anstrengung und spätem Nachhauseweg die Mithilfe bei der väterlichen Aufgabe unwiderrufliche Pflicht. Für heutige Verhältnisse ist das kaum nachzuvollziehen und unbegreiflich.

Vielleicht hat diese Notsituation die Sehnsucht nach Gott, nach seiner Liebe und Fürsorge erst so richtig entfacht. Als junges Mädchen wurde sie zu einer Zeltevangelisation in Stuttgart-Bad Cannstatt eingeladen. Dort sprach Jakob Vetter, der Gründer der Deutschen Zeltmission, die Menschen recht unverblümt und sehr direkt an: »Niemand hat triftigere Gründe, zum Arzt zu gehen, als der Kranke, und niemand hat mehr Grund, zu Jesus zu gehen, als der Sünder. Also, nicht länger gewartet, auf zum Heiland!« Diese eindeutige Verkündigung bewirkte eine Hingabe ihres Lebens an Jesus Christus und veränderte das Leben meiner Mutter. Sie brannte für Jesus, ganz im Sinne Jakob Vetters: »Ein Christ ist wie eine brennende Kohle. Entweder steckt er andere in Brand oder er geht aus.«

»Niemand hat triftigere Gründe, zum Arzt zu gehen, als der Kranke, und niemand hat mehr Grund, zu Jesus zu gehen, als der Sünder.«

Fröhlich sang sie nun Glaubenslieder. Als Haushaltshilfe bekam sie eine Anstellung im Hause eines kleinen Unternehmers und besuchte von nun an – was in ihrer Familie ganz unüblich war – die regelmäßigen Gottesdienste. Als aufmerksame Predigthörerin konnte sie anschließend Predigten erstaunlich gut wiedergeben, und sie lernte sehr viel Bibelworte und Gesangbuchlieder auswendig.

Der Sonnenschein in ihrem jungen Leben wurde durch Wolken verdunkelt. Ihre Schwester, die erste Frau meines Vaters, starb plötzlich innerhalb weniger Stunden an der asiatischen Grippe, nachdem zuvor ihr zweijähriges Kind zu Grabe getragen wurde. Mit einem einjährigen Kind war nun mein Vater allein und brauchte dringend Hilfe. Er fragte dann meine Mutter – die Schwester seiner ersten Frau –, ob sie nicht seine Frau werden wollte. Das war für sie keine leichte Entscheidung, zumal sich bei ihr eine immer stärker werdende schwere Asthmaerkrankung zeigte. Meine Mutter sah aber in dieser Anfrage eine klare Wegführung Gottes. Auch brachte sie sich in den gerade neu gegründeten Musikverlag meines Vaters tatkräftig mit ein. Mit ganzer Hingabe widmete sie sich der neuen Aufgabe. Die Weitergabe des Evangeliums war ihr wichtig, und sie sah darin eine Lebensaufgabe. Ich könnte mir nicht denken, wie mein Vater die Verlagsarbeit ohne ihren praktischen Einsatz bewältigt hätte.

Schwere Zeiten brachen über sie herein, als zwei ihrer Kinder kurz nach der Geburt starben. Fast untragbar war für sie, als ihre 17-jährige Tochter Anna von einer im Dorf grassierenden Diphtherieepidemie erfasst wurde und wenige Tage später verstarb. Anna war für sie ein wirklicher Sonnenschein, und trotz dem festen, im Wort Gottes gegründeten Glauben begann für sie eine Phase der Niedergeschlagenheit. Dazu gesellten sich noch die immer schwieriger werdenden Verhältnisse durch die Macht des Nationalsozialismus. Es war schwierig, die Angriffe auf die Familie, den Verlag, auf die Versammlung der Gläubigen und auch auf die Kirche zu bestehen. Später wurde der Verlag von den Nazis verboten, die Druckplatten mussten vernichtet werden. Zudem hatte meine Mutter immer wieder Krankheitszeiten zu überwinden. Als sie einmal wieder dem Tode sehr nahe war, besuchte sie der Gemeinschaftsinspektor des Gemeinschaftsverbandes. Er fragte sie: »Rikele (das ist die schwäbische Form von Friederike), wie geht es dir?« Darauf antwortete die Schwerkranke nur: »Friede wie ein Wasserstrom«, und zitierte damit Jesaja 48,18. So lebte sie im Wort Gottes. Die Bibel war ihr lieb und wichtig. Vor allem Gebet bestimmte ihr Leben. Meist betete sie kniend und für viele Menschen namentlich, natürlich auch sehr intensiv und anhaltend für mich, sie wollte mich Gott ganz weihen. Dabei hatte sie die ganze Welt im Blick. Ihre Mitarbeit im Deutschen Frauen-Missions-Gebetsbund war ihr nicht Pflicht, sondern Freude.

Sie nahm sich eigentlich nie Zeit für Urlaub. Das hatte auch finanzielle Gründe, aber mehr noch die Aufgabe an Menschen, die heimatliche Bodenhaftung und die Verantwortlichkeit für ihr Umfeld. Als es nach Jahren gelungen war, sie zu einem Urlaub in einem Freizeitheim zu bewegen, wurde sie zum Bahnhof gebracht. Noch auf den Stufen zum Bahngleis blieb sie stehen, drehte sich zu den Abschiedwinkenden um und sagte nur laut und deutlich: »Heim, ach, nur heim.«

Obwohl sie sehr krank war, kaufte sie die Zeit aus, weil die Ewigkeit drängte. Sie lebte nicht an den Aufgaben vorbei, die das Leben stellte, und manchmal musste ich sie bremsen, wenn sie mit letzter Kraft arbeitete und dann fast alles an viele Menschen verschenkte. All die Schwierigkeiten konnte sie nur durchhalten, weil sie sich selbst von Gott gehalten wusste.

All die Schwierigkeiten konnte sie nur durchhalten, weil sie sich selbst von Gott gehalten wusste.

Sie wünschte mir als jüngstes Kind, dass ich Verkündiger des Evangeliums werden sollte, und nannte mich deshalb mit meinem ersten Vornamen Samuel – der von Gott Erbetene.

Ihre Liebe zu mir zeigte sich in vielfältiger Weise. So zum Beispiel im regelmäßigen Schreiben von Briefen, als ich während des Krieges Soldat war, oder dass sie mich, trotz Asthma und großem Kraftaufwand, in meiner Universitätsstadt besuchte. Für viele Menschen im Dorf hatte sie etwas übrig, manchmal bis an den Rand ihrer körperlichen Möglichkeiten. Nachts klammerte sie sich oft lange an die geöffneten Fenster im Schlafzimmer, um nach einem Asthmaanfall nach Luft zu ringen. Die ersten Enkel waren für sie eine große Freude. Es schien, als wollte sie alle Liebe, die sie ihren eigenen drei Kindern, die bereits gestorben waren, zugedacht hatte, auf die Enkel konzentrieren. Bis heute bewegt es mich, wie sie als leidende Frau den Gottesdienstbesuch fast nie versäumte und immer noch irgendwelche Gottesdienstbesucher zum Mittagessen oder anschließend an die Nachmittagsversammlungen zum Kaffee einlud. Das war praktische Bibelauslegung und gelebte Gemeinschaft.

Kurz vor ihrem frühen Tod wollte sie mir noch eine Armbanduhr kaufen. Zusammen mit meiner Frau suchte sie im Uhrengeschäft eine gute Uhr aus. Auf meine kritische Rückfrage hin, ob denn das unbedingt sein müsse, sagte sie schlicht: »Es könnte mein letztes Geschenk sein.« Das war es dann auch. Ein paar Wochen später beendete ein Aneurysma ihr irdisches Leben plötzlich. Als mein Vater mich in jener schweren, alles verändernden Nacht unverzüglich anrief, ich auch innerhalb weniger Minuten an ihrem Bett stand, war die von mir innig geliebte Mutter bereits tot. An ihrem Bett kniete ich nieder und dankte für dieses Leben der Hingabe und Liebe. Als ich wieder zu Hause ankam, setzte ich mich im Stockdunkeln an den Flügel und spielte mit allen verständlichen Emotionen:

Wenn nach der Erde Leid, Arbeit und Pein
ich in die goldenen Gassen zieh ein,
wird nur das Schaun meines Heilands allein
Grund meiner Freude und Anbetung sein.
Das wird allein Herrlichkeit sein,
wenn frei von Weh
ich sein Angesicht seh!

Während ich im Finstern dieses Lied sang, brauchte ich mich meiner Tränen nicht zu schämen. Bis heute, etwa 56 Jahre nach ihrem Tod, bin ich für diese mir bedeutsame, mich auch durchaus prägende Mutter unendlich dankbar.

Gewiss kann auch die wunderbarste Mutter nur ein schwaches Abbild der bleibenden Liebe Gottes sein, aber immerhin ein Wegweiser zum himmlischen Vater. Und, die Auferstehung von Jesus ist keine Einbildung, sondern Ereignis. Der Sieg Gottes wirkt sich aus im Leben der Glaubenden durch die Befreiung von der Furcht des Todes und in ihrem Sterben durch die Gewissheit des Heimgehens. Jesus spricht: »Ich bin die Auferstehung und das Leben. Wer an mich glaubt, der wird leben, ob er gleich stürbe; und wer da lebt und glaubt an mich, der wird nimmermehr sterben« (Johannes 11,25-26). Paulus nennt das Ziel unseres Lebens: »... bei dem Herrn sein allezeit« (1. Thessalonicher 4,17).

Die Auferstehung von Jesus ist keine Einbildung, sondern Ereignis.

Eduard Ostermann

Vor Jahren war ich zu einem Evangelisationskongress in Amsterdam eingeladen. Wie das bei solchen Anlässen meist ist, war die Zeit vor dem Kongress gedrängt voll mit Terminen und Arbeit, sodass ich ziemlich ausgepumpt dort ankam. Als mir dann mein Hotelzimmer zugeteilt worden war, dachte ich im Innersten: »Wie gut, dass du jetzt ein Einzelzimmer hast und dich da etwas entspannen kannst trotz des Kongresses.« Ich schloss dann die Zimmertür auf und sah zu meinem Schrecken einen Koffer in diesem Raum stehen. Anscheinend war der Traum vom Einzelzimmer schon ausgeträumt. Später, bei der Eröffnungsveranstaltung, erfuhr ich von Wilfried Reuter, dass er mich gerne mit einem gewissen Dr. Eduard Ostermann bekannt machen würde. Ich konnte mir unter diesem Namen damals noch niemanden vorstellen und wartete gespannt der Dinge, bis ich dann entdeckte, dass es eben dieser Dr. Ostermann war, mit dem ich das Zimmer zu teilen hatte.

Als überlasteter Industriemanager hatte auch er gehofft, ein Einzelzimmer zu bekommen, um während des Kongresses mit seinen vielen Anforderungen wenigstens einen Ruheort zu haben. Nun, zum Schlafen kamen wir kaum, weil wir in der ersten Nacht bis in die frühen Morgenstunden hinein miteinander redeten, um uns kennenzulernen und Lebensgeschichten auszutauschen. Dies wäre alles weiter nicht schlimm gewesen, aber Dr. Ostermann war ein ausgesprochener Frühaufsteher. Wenn ich dachte, ich sei gerade erst eingeschlafen, las dieser Mann schon um 5.00 Uhr früh seine Bibel. Das war durchaus eine Überraschung, jedoch auch Anfang und Grundlage für eine andauernde, enge Freundschaft.

Vom Kongress selbst weiß ich nicht mehr allzu viel. Ich erinnere mich noch an einige Freunde, die damals dabei waren, u. a. an Pfarrer Kurt Heimbucher. Gegen Ende dieses missionarischen Kongresses lud Dr. Ostermann uns als deutsche Abordnung ein und sagte zu uns: »Ich will euch doch noch meine holländische Heimat etwas zeigen.« Eigentlich wäre ich zunächst viel lieber nach Hause gefahren, ließ mich dann aber gerne überreden. So fuhren wir mit einem größeren Boot mit vielen Tagesausflugsgästen durch die berühmten Grachten in Amsterdam. Später auch noch nach Volendam, dem wunderschönen Platz dort mit den kleinen, schmucken Häuschen. Auf diesem Boot kam die nächste Überraschung für uns alle, die wir dort saßen, uns fröhlich unterhielten und die herrliche Landschaft bewunderten. Plötzlich fing mein neuer Freund Dr. Ostermann mit sehr markanter, aber gewöhnungsbedürftiger Stimme an zu singen: »Großer Gott, wir loben dich.« Ich dachte zunächst, das darf doch nicht wahr sein, und wartete gespannt auf die Reaktion der Leute im Boot. Ich konnte ihn aber keinesfalls alleinlassen und stimmte zusammen mit den Freunden mit ein. Ich war dann ziemlich perplex, als fast alle Bootsinsassen dieses Lied mitsangen. Offen gesagt, war solch eine Reaktion nicht zu erwarten, denn es war keine ausgesprochen

»fromme« Fahrt. Es folgte noch eine weitere Überraschung. Als das Lied, immerhin einige Verse, zu Ende gesungen war, stand Dr. Ostermann im Boot auf und sagte: »Ich habe einen Freund aus Deutschland mitgebracht und der wird Ihnen allen jetzt sagen, was er mit Jesus Christus erlebt hat.« Ich dachte, mich träfe ein Schlag. Mit allem hatte ich gerechnet, aber gewiss nicht mit dem. Was ich damals so spontan sagte, vielleicht auch stotterte, weiß ich nicht mehr. Zwei Dinge sind mir von dieser Begegnung aber geblieben. Überraschungen sind ein Markenzeichen von Dr. Ostermann, und, ich stellte mir ernsthaft die Frage, warum ich mich in der Öffentlichkeit geniere, mit Menschen über Jesus Christus zu reden – vielleicht auch in Situationen, die »überraschend« sind. Wie sagte doch Jesus: »Wer nun mich bekennet vor den Menschen, den will ich bekennen vor meinem himmlischen Vater« (Matthäus 10,32).

> Plötzlich fing Dr. Ostermann an zu singen: »Großer Gott, wir loben dich.«

Sie werden nun wohl fragen wollen, wer denn dieser Dr. Ostermann war? Bei manchen seiner vielen Bücher, die er geschrieben hat, wurde folgende Kurzbeschreibung seines Wirkens veröffentlicht:

> Dr. Eduard Ostermann war 30 Jahre lang als Manager in Industrie und Wirtschaft tätig. Bis 1982 gehörte er zum Direktorium eines Multikonzerns der Schwerindustrie. Ostermann arbeitete in vielen internationalen Gremien, wie im Energiekomitee der Internationalen Handelskammer in Paris, im Marktausschuss des International Iron and Steel Institute in Brüssel, im Vor-

stand des Industry Council for Development in New York und im European Management Forum. Darüber hinaus war er noch Mitglied des European Government Business Relation Council und im Beirat zahlreicher ausländischer Unternehmen in Saudi-Arabien, Iran, Indien, USA, Mexiko, Venezuela und Brasilien tätig.

Mehr aus seiner überaus spannenden Lebensgeschichte sollen Sie nun aus seinen persönlichen Aufzeichnungen erfahren:

»Ich hatte die Geduld Gottes überbeansprucht. Erst mit 46 Jahren traf ich meine Entscheidung für Jesus Christus. Hinter mir lag schon ein langes Leben mit vielen Erlebnissen, die aber, wie ich heute weiß, alle dazu gedient hatten, mir klarzumachen, was das Wort Bekehrung bedeutet und wie wichtig für mich persönlich Gott ist. Ein bewusstes Gehen mit Jesus Christus ist ereignisreich und abenteuerlich. In vielen Fällen darf ich Gottes Absicht bereits im Anfangsstadium erkennen und sehen, wie Geschichte entsteht.

Ein bewusstes Gehen mit Jesus Christus ist ereignisreich und abenteuerlich.

Wie bin ich nun zu diesem Glauben an den Gott der Bibel gekommen? Ich stamme nicht aus einem sogenannten christlichen Haus mit betenden Eltern. Meine Mutter kam aus der Schweiz und war evangelisch, mein Vater dagegen stammte aus Niedersachsen und war katholisch. Ich bin in Holland geboren. Aus familiären und Vernunftgründen ließen meine Eltern ihre Kinder nicht taufen. Das Nicht-getauft-Sein empfand ich damals als Makel. Ich fühlte mich als Außenseiter und ließ mich deshalb im Alter von 13 Jahren freiwillig evangelisch taufen. Der Krieg zeigte mir, dass es etwas geben müsse wie Schicksal, Führung oder Vorsehung. So fing ich schon sehr früh an, mich mit alten Philosophen zu beschäftigen. Speziell Platos Ideenlehre fesselte mich. Weiter interessierten mich Fichte, Kant und besonders der Wiener Philosoph und Volkswirt Othmar Spann. Ich betrachtete mich als Neuplatoniker und Universalist. Meine Dissertation schrieb ich über das Thema Kausalität. Es ging mir um die Frage, ob es mehr als nur Ursache und Wirkung gibt. Ich wollte den sogenannten empiristischen Philosophen hinterfragen und so hieß mein Dissertationsthema ›Die Bedeutung des Kausalitätsbegriffes in der empiristischen Gesellschaftsphilosophie‹. Schon damals fing ich an, die Bibel zu lesen. Ich betrachtete die Heilige Schrift als ein altes, ehrwürdiges Buch mit faszinierenden, tiefschürfenden Gedanken. Noch nie hatte ich Philosophen gefunden, die so klar, so kurz und prägnant Weisheiten festhalten konnten wie die Verfasser der Bibel.

So wurde ich mit der Zeit zum Bibelleser. Ich war aber kein Kirchgänger. Oft beschäftigten mich Probleme, auf die ich keine ausreichende Antwort fand. Zum Beispiel die bekannte Frage: ›Warum lässt Gott das zu?‹ Den unerwarteten Tod eines Menschen, der Frau und kleine Kinder hinterlässt, oder Grausamkeiten wie Mord an Kindern, die Unterdrückung von ganzen Volksstämmen, die Verfolgung wegen persönlicher Glaubenseinstellungen usw. Ich weiß, viele fragen ähnlich. Für mich jedoch wurde dieses Nachdenken zum Anlass, öfters eine Kirche, die sich in der Nähe meiner Wohnung befand, zu besuchen. Beim Gottesdienst stellte ich mit Erstaunen fest, dass der Pfarrer immer gerade über jenes Thema predigte, das mich im Moment beschäftigte. Ich weiß noch heute, dass mich diese Tatsache sehr beeindruckte. Als ich dann eingeladen wurde, im Kirchenvorstand, bei uns Presbyterium genannt, mitzuarbeiten, nahm ich die Einladung an. So wurde ich Mitglied dieses Gremiums.

Beim Gottesdienst stellte ich mit Erstaunen fest, dass der Pfarrer immer gerade über jenes Thema predigte, das mich im Moment beschäftigte.

Den Gott der Bibel betrachtete ich damals so, wie ein Philosoph Gott betrachtet, als ein allmächtiges Wesen, von dem wir nichts wissen und das sich weit über unsere Vorstellungskraft erhebt. Das Christentum war für mich in jener Zeit in erster Linie eine Morallehre, eine Lehre, die die Menschen benötigen, um überhaupt miteinander leben zu können. Dann evangelisierte 1969 in unserer evangelischen Gemeinde Linz-Süd Dr. Gerhard Bergmann, der bekannte Evangelist der Deutschen Zeltmission. In meiner Eigenschaft als Presbyter unserer Gemeinde hatte ich mitgeholfen, diese Evangelisation vorzubereiten, und war deshalb auch Abend für Abend gezwungen, mir die Vorträge anzuhören. Bergmann, der Philosophie und Theologie studiert hatte, besaß die Gabe, mit echt deutscher, philosophischer Gründlichkeit ein Problem bis in die letzten Details zu durchleuchten. Alle seine Themen drehten sich ausschließlich um Jesus Christus, um die zentrale Frage: ›Gott ja, aber warum Jesus Christus?‹. Mir wurde damals immer mehr klar, dass Gott, der die Welt geschaffen, diese seine Schöpfung nicht im Stich gelassen hat, sondern dass Gott lebt und dass er sich uns in Jesus Christus offenbart, Jesus Christus, dem alle Macht im Himmel und auf Erden gegeben ist, und dass Gott heute noch in dieser Welt wirkt und sich um jeden einzelnen Menschen seiner Schöpfung kümmert.

> Alle seine Themen drehten sich ausschließlich um Jesus Christus, um die zentrale Frage: »Gott ja, aber warum Jesus Christus?«.

Ich war von den Ausführungen des Vortragenden sehr beeindruckt. Ich fand sie verständlich und logisch. Zu einer Entscheidung für Jesus Christus aber kam ich nicht. Entweder hatte Bergmann sich damals nicht klar genug ausgedrückt oder, und das ist wahrscheinlicher, war ich für diesen Schritt noch nicht genügend vorbereitet. Rund sechs Wochen später wurde in unserer Kirche über den Nachtbesuch des Nikodemus bei Jesus Christus gepredigt. Sicherlich kennen Sie diese Begebenheit aus dem dritten Kapitel des Johannesevangeliums: ›Es war aber ein Mensch unter den Pharisäern mit Namen Nikodemus, ein Oberster unter den Juden. Der kam zu Jesus bei der Nacht und sprach zu ihm: Meister, wir wissen, dass du bist ein Lehrer von Gott gekommen; denn niemand kann die Zeichen tun, die du tust, es sei denn Gott mit ihm. Jesus antwortete und sprach zu ihm: Wahrlich, wahrlich ich sage dir: Es sei denn, dass jemand von Neuem geboren werde, so kann er das Reich Gottes nicht sehen. Nikodemus spricht zu ihm: Wie kann ein Mensch geboren werden, wenn er alt ist?

Kann er auch wiederum in seiner Mutter Leib gehen und geboren werden? Jesus antwortete: Wahrlich, wahrlich ich sage dir: Es sei denn, dass jemand geboren werde aus Wasser und Geist, so kann er nicht in das Reich Gottes kommen. Was vom Fleisch geboren wird, das ist Fleisch; und was vom Geist geboren wird, das ist Geist. Lass dich's nicht wundern, dass ich dir gesagt habe: Ihr müsset von Neuem geboren werden‹ (Verse 1-7).

Mitten in seiner Predigt steigerte der Pfarrer seine Stimme, schaute auf die Mitglieder seines Kirchenvorstandes und fragte dann seine Zuhörer: ›Seid ihr von Neuem geboren?‹ Ich wusste mit dieser Frage wenig anzufangen und fand sie sogar reichlich unverschämt. Meine Neugeburt hielt ich für selbstverständlich. Ich war getauft, ich las die Bibel und tat meine Pflicht in der Gemeinde, das musste doch reichen. Was wollte so ein Theologe noch von mir? Doch dann kam die zweite Frage des Pfarrers, und diese Frage wurde zur Kernfrage meines Lebens überhaupt: ›Hat sich euer Leben nach der Neugeburt verändert?‹ Diese Frage traf mich persönlich besonders schwer. Ich galt als harter, erfolgreicher Manager und konnte mir gar nicht vorstellen, dass eine Änderung meiner Persönlichkeit überhaupt möglich sei. Jedenfalls war ich ehrlich genug, mir einzugestehen, dass es bisher in meinem Leben noch keine entscheidende Persönlichkeitsänderung gegeben hatte. Dabei beschreibt die Bibel, dass die Neugeburt den Menschen völlig verändert, ja, dass Jesus Christus alles

Dabei beschreibt die Bibel, dass die Neugeburt den Menschen völlig verändert, ja, dass Jesus Christus alles neu macht.

neu macht. Ich kannte natürlich die entscheidenden Schriftstellen der Bibel. Schon oft hatte ich das Johannesevangelium gelesen.

Sie können sich vielleicht vorstellen, was in mir vorging. Ich versuchte, und sicherlich tun das viele, so anständig und korrekt wie möglich zu leben nach dem Motto: ›Tue recht und scheue niemand.‹ Die Aussagen der Bibel über die Neugeburt (Johannes 3,1-7), über die Frucht des Geistes (Galater 5,22), über die Vollmacht Jesu (Matthäus 28,18-20) werden meistens nicht so wörtlich genommen, wie sie geschrieben stehen. Man vertritt eben den Standpunkt, der Mensch ist, wie er ist, einfach ein Produkt seiner Veranlagung, seiner Erziehung und seiner Umwelt.

Aber die Frage, ob sich mein Leben nach der Neugeburt geändert habe, ließ mich einfach nicht los. Ich fühlte mich nicht erneuert und brachte auch nicht die Frucht des Geistes, von der Jesus in seinem Gleichnis über den Weinstock (Johannes 15) spricht. Mir wurde plötzlich klar, dass ich den Aussagen der Bibel nach noch gar nicht neugeboren war. Gibt es aber eine Neugeburt, wie sie die Bibel verheißt? Von Bergmann hatte ich gehört, dass Jesus alle Macht im Himmel und auf Erden hat. So fing ich an, wohl zum ersten Mal in meinem Leben, bewusst zu beten: ›Herr Jesus Christus, du kennst mich. Du weißt, was mich beschäftigt. Wenn es so etwas wie eine Neugeburt gibt, so lass mich sie erleben, was es auch kosten möge.‹

Dieses einfache, ganz direkte Gebet wurde auf folgende Art und Weise erhört: Am 1. Mai flog ich nach Washington, D. C.

Ich war zu dieser Zeit im Industry Cooperative Programme (ICP) der FAO der Vereinten Nationen tätig, einem Programm, das sich in erster Linie mit den Problemen der Entwicklungsländer befasste. Das ICP erhielt damals eine Einladung der Weltbank, an einem Gespräch mit Präsident McNamara über Industrialisierungsfragen der Entwicklungsländer teilzunehmen. Schon damals war McNamara der Ansicht, dass die Industriepolitik der westlichen Welt die Interessen der Entwicklungsländer zu wenig berücksichtige. Was seinerzeit nur vereinzelt Fachleute wussten, ist heute politisches Gemeingut geworden.

Als Mitglied dieser Delegation wohnte ich im Hotel Mayflower. In diesem Hotel war es Gepflogenheit, bestimmte Zimmer, in denen berühmte Männer übernachtet hatten, nach ihnen zu benennen. Auf einer an der Tür angebrachten Kupferplatte stehen der Name des Betreffenden und das Datum seines Aufenthaltes. Ich erhielt nun das Zimmer zugeteilt, in dem Billy Graham in den 60er-Jahren einmal übernachtet hatte. Billy Graham war für mich damals kein Begriff. Ich hatte zwar gelegentlich von ihm gehört, allerdings nicht immer im positiven Sinn. Er hatte irgendetwas mit Großevangelisationen zu tun. So viel war mir bekannt, gelesen hatte ich aber von ihm noch nichts.

Am nächsten Morgen war ich gezwungen, Rasierseife zu kaufen, da in meiner Rasierschaumdose unerklärlicherweise kein Druck mehr vorhanden war. Im Drugstore des Hotels fand ich dann neben der Rasierseife ein Regal mit Büchern. Mein Blick fiel auf ein Buch, auf dem in Großbuchstaben BILLY GRAHAM stand. Es gab mir einen Ruck, und ich dachte bei mir:

›Jetzt wohnst du im Billy-Graham-Zimmer, da solltest du eigentlich genauer wissen, was er tut und was er lehrt.‹ Und so kaufte ich dieses Buch. Erst später stellte ich fest, dass es gar kein Buch von Billy Graham war. Ich hatte einfach den Untertitel übersehen: ›BILLY GRAHAM and Seven Who Were Saved‹ von Lewis W. Gillenson. Es war ein Buch über Menschen, die durch eine ganz bewusste Entscheidung für Jesus Christus eine Neugeburt erlebt hatten und so neue Menschen geworden waren. Jene Neugeburt, um die ich gebetet hatte. Besonders beeindruckte mich die Geschichte einer Frau – Eleanor Searle Whitney. So wie sie empfand ich mich als Christ, und auch für mich war Religion Privatsache. Das viele Reden über den Glauben kam mir wie ein geistiger Striptease vor, den ich noch dazu als Schwäche bezeichnete.

Es war ein Buch über Menschen, die durch eine ganz bewusste Entscheidung für Jesus Christus eine Neugeburt erlebt hatten.

Beim Lesen dieser Zeugnisse erkannte ich dann plötzlich, worum es in Wirklichkeit geht und was Neugeburt tatsächlich ist. Es ist einfach mein ›Ich‹, das mich von Gott trennt, mein Wille, mein Stolz, mein Egoismus mit seinen Neidkomplexen, mit seinem Leicht-gekränkt-Sein; das allein auf sich selber gestellte Ich ist unsicher, schwankend, zweifelnd und weiß nie, ob eine einmal getroffene Entscheidung richtig oder falsch war.

Als ich all dies realisierte, traf ich meine Entscheidung rasch. Ich brachte mein ›Ich‹ einfach zu Jesus Christus. Ich ging zu ihm hin, so wie ich war – hart, unbeugsam, selbstsüchtig, aber auch einsam. Ich befand mich nicht in einer Kirche, sondern in 10 000 Meter Höhe, unterwegs auf dem Flug von New York nach New Orleans. Ich betete einfach, sicherlich damals sehr unbeholfen. Aber für Gott sind nicht Worte ausschlaggebend, Gott sieht die innere Einstellung. Er sieht das Herz an. Worte können trügen, aber die unsichtbaren Beweggründe nicht. Ich betete:

›Herr Jesus Christus, Du mein Herr und Heiland. Ich habe Dich bisher nicht gekannt und ohne Dich gelebt. Verzeih mir, Herr. Ich komme zu Dir, so wie ich bin, und stelle mich unter Dein Kreuz mit der Bitte, reinige mich mit Deinem Blut. Herr Jesus, übernimm die Herrschaft in meinem Leben. Gestalte mich nach Deinem Willen und setze mich ein, wo Du mich brauchst. Habe Dank, mein Herr und mein Gott.‹

Nach diesem Gebet war ich, so unglaublich es klingen mag, auf der Stelle ein anderer Mensch. Sicherlich war ich selbst am meisten darüber erstaunt. Eine ganze Anzahl von geliebten Unsitten war plötzlich weg. Hobbys, die ich seither mit Leidenschaft betrieben hatte, interessierten mich nicht mehr. Die Änderung war so schlagartig, dass ich darüber meiner Frau nach Hause schreiben konnte. Der Brief trägt das Datum des 4. Mai 1969.

Seitdem erlebe ich, was es heißt: Jesus lebt!

Damals erlebte ich zum ersten Mal eine Gebetserhörung. Nichts, aber auch gar nichts war zufällig. Alles, auch die kleinsten Details hatte Gott vorbereitet: meine Begegnung mit Bergmann, die Predigt des Pfarrers, meine Reise nach Washington, die Auswahl des Hotels und des Hotelzimmers, das Buch.

Jede Kleinigkeit zeigte auf die Hand Gottes. Einfach großartig! Seitdem erlebe ich, was es heißt: Jesus lebt!«

So weit der persönliche Bericht des schon vor Jahren heimgegangenen Freundes. Die Begegnung mit ihm hatte folgenreiche Auswirkungen. Es entstanden aus seiner Feder eine ganze Reihe Bücher mit dem Grundthema Glaube und Wissen, Glaube als Übermacht über alle Mächte der Welt. Auf diese Glaubenswirklichkeit hatte sich Eddy – so nannten wir ihn bei seinen häufigen Besuchen bei uns im Verlag oder bei uns zu Hause – eingelassen. Der wagende Glaube ist etwas Großes, das ansteckend wirkt. Dies beeinflusste mich durchaus. Sein Taschenbuch *Ich setze auf das Leben – Bekenntnisse eines Industriemanagers* war für mich eher zurückhaltenden Menschen ein guter und wichtiger Impuls. Eddy war »bereit zur Verantwortung jedermann, der Grund fordert der Hoffnung, die in euch ist« (1. Petrus 3,15). Er demonstrierte das, was Jürgen Blunck einmal klassisch formulierte: »Glauben und Bekennen sind wie siamesische Zwillinge. Sie kann man nicht trennen, ohne dass beide Schaden erleiden.«

»Glauben und Bekennen sind wie siamesische Zwillinge. Sie kann man nicht trennen, ohne dass beide Schaden erleiden.«

Dr. Ostermann war ein »Gesandter Jesu Christi« für bedeutende Persönlichkeiten und für einfache, schlichte Menschen, ja, auch für »Grenzgänger« (siehe auch das Kapitel über Willy Schulze). Er hat sich auch durchaus die Freiheit genommen, einen sehr bekannten Kardinal, mit dem er immer wieder Kontakt hatte, auf seine Lebensbeziehung zu Jesus Christus fragend anzusprechen.

Willy Schulze

Im Rahmen der Arbeit einer Gruppe engagierter junger Christen in der Mitternachtsmission begegneten meine Frau und ich vielen Menschen. Man traf sie in Spelunken und in dunklen Gassen. Es gab gute Begegnungen und auch weniger gute. Manche Kontakte blieben an der Oberfläche, manche gingen tiefer. In einer der Nächte trafen wir einen etwas verzweifelten Mann mit dem typisch berlinerischen Namen Schulze. Im Gespräch mit ihm ergab sich, dass er eigentlich keine Heimat mehr hatte und zu den sogenannten Wohnsitzlosen gehörte. Sein Aussehen und seine Intelligenz zeigten uns schnell, dass er schon wesentlich bessere Zeiten erlebt hatte. Da es gerade keine Möglichkeit gab, in irgendeiner Absteige der Evangelischen Gesellschaft oder in einem Männerübernachtungsheim unterzukommen, nahmen wir ihn für kurze Zeit bei uns in der Wohnung auf. Darüber freute sich Herr Schulze wie ein Kind. Das war auch die gute Möglichkeit für ihn, aufzutauen und einiges aus seiner Lebensgeschichte preiszugeben. Sehr bald erzählte er uns freimütig, dass er als Ingenieur der damaligen Deutschen Raketenversuchsanstalt in Peenemünde während des Zweiten Weltkrieges beschäftigt gewesen war. Dort wurden die V1 und V2 Raketen entwickelt und gebaut. Er war dort für eine Anzahl von Ingenieuren in einer besonderen Abteilung verantwortlich gewesen. Nach dem Krieg verlor er durch Alkoholprobleme seinen Ingenieurberuf, ruinierte seine Ehe und landete so auf der Straße. Das Eigenartige bei ihm war, dass immer dann, wenn er ein Glas Bier getrunken hatte, er sofort aggressiv wurde. Seine Fäuste waren sehr rasch dabei zuzuschlagen. Dadurch kam er oft in Konflikt mit dem Gesetz und landete mehrfach wegen Schlägereien mit Körperverletzungen für kürzere Zeit im Gefängnis. Es war ein regelrechter Kreislauf: Sobald er aus dem Gefängnis entlassen wurde, trank er wieder Bier, schlug unvermittelt zu und landete wieder im »Knast«. Ich kann mich nicht mehr erinnern, wie oft er dort war, er hatte auf jeden Fall eine ganze Latte von Vorstrafen. Während einer solchen »Zwischenstation« in der Freiheit sprach Willy Schulze uns auf der nächtlichen Straße an. Er wollte einfach wissen, warum wir – ich möchte das einmal mit Worten aus dem biblischen Gleichnis ausdrücken – »unter die Räuber Gefallene« suchen. Auf irgendeine Weise war er davon angesprochen.

> Er wollte einfach wissen, warum wir »unter die Räuber Gefallene« suchen.

Herr Schulze besuchte uns später immer wieder, auch als wir aufgrund der Verlegung des Betriebes in einen ganz anderen Ort umzogen. Wir waren natürlich sehr darauf aus, dass er eine Arbeitsstelle fand. Er arbeitete dann, obwohl er kräftemäßig nicht mehr so gut beieinander war, als Möbelträger, um auf diese Weise seinen Lebensunterhalt zu verdienen. So konnte er sich wenigstens ein kleines Zimmer leisten. Er erzählte uns einige Zeit später, dass es ihm doch immer schwerer falle, schwere Möbelstücke oft mehrere Stockwerke hochzutragen. Irgendwann war dann diese Arbeit für ihn auch nicht mehr möglich. Er landete in einem Krankenhaus. Kaum war er wieder entlassen, besuchte er uns. Es war, wie Gott das häufig so macht, ein absolut gutes Timing, denn gerade, als er wieder bei uns einige Tage lebte, hatten wir unsere guten Freunde, Dr. Eduard Ostermann und seine Frau Gretel, zu Besuch. Gott führt in vorbereitete Verhältnisse.

Gott führt in vorbereitete Verhältnisse.

Herr Schulze und Dr. Ostermann fanden nämlich im Gespräch rasch ein gemeinsames Thema. Beide waren in Peenemünde gewesen. Herr Schulze als Ingenieur und Dr. Ostermann als Testflieger. Da gab es manches zu erzählen und zu berichten. Mein Freund Dr. Ostermann, der schon spürte, dass Herr Schulze auf der Suche nach Gott war, setzte sich neben ihn und sprach in unserem Beisein mit ihm die bekannten »Vier geistliche Gesetze« durch (ein damals millionenfach verbreiteter kleiner Wegweiser, wie man zu einer persönlichen Beziehung zu Jesus Christus kommen kann). Herr Schulze akzeptierte die darin enthaltene Botschaft des Evangeliums auch für sich persönlich und sprach das Gebet der Übergabe seines Lebens an Jesus Christus. Bald darauf musste er aus Gründen seines schlechten Gesundheitszustandes und seiner Arbeitsunfähigkeit nach München in ein Altersheim übersiedeln. Von dort aus rief er öfter an, besuchte uns einmal per Anhalter und schrieb auch gelegentlich eine Postkarte.

Eines Tages meldete er sich wieder einmal telefonisch bei mir und erzählte, dass es ihm gesundheitlich gar nicht gut gehe. Sein Herz war sehr stark angegriffen. Bei diesem Anruf sagte er noch, dass es das Geschenk Gottes gewesen sei, dass er meine Frau und mich und ein neues Leben kennengelernt habe. Die »fromme Sprache« hatte er bestimmt noch nicht gelernt, aber man merkte ihm die Dankbarkeit an und ein großes Stück Liebe. Es sollte sein letzter Anruf sein. Zwei Tage später – ich war etwas unruhig geworden – versuchte ich ihn im Altersheim telefonisch zu erreichen. Dort wurde mir von einer Person, die ihn sehr gut kannte, mitgeteilt, dass er am Tag vorher heimgegangen sei und dass er sich über das letzte Telefongespräch mit mir so außerordentlich gefreut habe.

Bei diesem Anruf sagte er noch, dass es das Geschenk Gottes gewesen sei, dass er meine Frau und mich und ein neues Leben kennengelernt habe.

Für mich war die Begegnung mit Willy Schulze ein neues Erleben der Tatsache, die uns in der Bibel gesagt wird, »dass Christus Jesus gekommen ist in die Welt, die Sünder selig zu machen« (1. Timotheus 1,15) und dass er dazu Begegnungen plant, Begegnungen mit Nebenwirkungen, Begegnungen, die es nach menschlichem Ermessen gar nicht geben könnte.

Mein Vater

Ein Menschenleben wird durch vieles geprägt. Die Familie, das Umfeld und einzelne Menschen drücken ihren Stempel auf und beeinflussen uns viel stärker, als wir das zunächst wahrnehmen. Das Elternhaus spielt dabei eine große Rolle. Meine Eltern waren mir ein wirkliches Vorbild. Häufig waren es gerade die kleinen Dinge, die mich so besonders beeindruckten. Kleine Dinge, die sie ausführten, waren wirksamer als große, die Menschen nur planen.

Ich kann mich nur an ganz wenige Sonntage erinnern, an denen meine Eltern nach dem Gottesdienst keine Gäste zum Mittagessen oder Sonntagnachmittagskaffee mitbrachten. Manchmal waren es Freunde, über deren Zusammenkommen man berechtigt Romano Guardini zitieren kann: »Das ist der Gastfreundschaft tiefster Sinn, dass einer dem anderen Rast gebe auf dem Weg nach dem ewigen Zuhause.«

Dann gab es natürlich auch unerwartete Gäste, die eher an den »Hecken und Zäunen« aufgelesen wurden. Es ist eigentlich schade, dass die damaligen Tischgespräche nicht festgehalten worden sind, bestimmt ergäbe es eine interessante, vielleicht auch kuriose Mischung. Wenn es etwas turbulent wurde und die Zahl der Gäste zu einem plötzlichen Vermehrungswunder beitrug, hatten meine

Mutter und meine Patentante alle Hände voll zu tun. Ich erinnere mich dabei an die biblische Geschichte: Maria und Martha mussten sich vereinen, um ganze Gastfreundschaft anzubieten.

Noch nach Jahrzehnten sprachen mich Leute darauf an, welche Spuren diese Gastfreundschaft in ihrem Leben hinterlassen hat. Manchmal waren am Ende des Beisammenseins die Gäste »aufgeräumter« als die Wohnung, aber sie hatten unauslöschliche geistliche Impulse empfangen – Impulse mit Langzeitwirkung. Gemeinschaft will eben auch gelebt werden. Bei solchen Einladungen hatte sich sicher auch der Vers aus Hebräer 13,2 bestätigt: »Gastfrei zu sein vergesset nicht; denn durch dasselbige haben etliche ohne ihr Wissen Engel beherbergt.«

Die Gäste hatten unauslöschliche geistliche Impulse empfangen – Impulse mit Langzeitwirkung.

Auf noch ganz andere Weise waren meine Eltern Vorbild. Es gab für sie – ausgenommen ernsthafte Krankheit – keine akzeptablen Gründe, warum jemand aus der Familie den Sonntagsgottesdienst nicht besuchen wollte. Das war beileibe kein Zwang, eher eine Selbstverständlichkeit. Wie verhielt es sich aber, wenn zur Gottesdienstzeit Besucher von irgendwo eintrafen?

Eines Tages kam ein sehr bekannter Musikverleger ganz unerwartet zu Besuch. Das Gespräch mit dem Kollegen war noch nicht beendet, als mein Vater plötzlich sagte: »Herr X., wir werden jetzt zum Gottesdienst gehen, der in etwa 20 Minuten beginnt. Ich möchte Sie herzlich einladen, daran teilzunehmen. Sie können aber auch während dieser etwa 90 Minuten das schöne Wetter ausnutzen und einen Spaziergang machen. Wir sind rechtzeitig wieder zurück, um unser Gespräch fortzusetzen.« Der Musikverleger entschied sich, mit uns den Gottesdienst zu besuchen. Es war wohl das einzige Mal in seinem Leben, dass er an einer Versammlungsstunde teilnahm. Noch nach Jahren hat dieser Kollege meinen Vater mehrfach darauf angesprochen. Er war sichtlich vom Wort Gottes berührt worden. Ich bin sehr unsicher, ob ich mich selbst auch so klar verhalten hätte. Für mich war das Vorbild meines Vaters aber sehr eindrücklich. Wie ist aber mein Vater zu dieser geistlichen Persönlichkeit geworden?

Als Beilage zu seinem »Testament« schrieb er einen kurzen Lebensabriss, den ich nun immer wieder zitieren kann. Er verfasste ihn für seine Kinder, Enkel und Verlagsmitarbeiter. Als Überschrift wählte er den Liedrefrain »Nichts hab ich zu bringen, alles, Herr, bist du«.

Als Überschrift wählte er den Liedrefrain »Nichts hab ich zu bringen, alles, Herr, bist du«.

Sein Konfirmationsspruch, der so sehr auf seine persönliche Situation passte, war aus Sirach 11,20-22: »Bleibe in Gottes Wort, und übe dich darin, und beharre in deinem Beruf und vertraue Gott; [...] denn es ist dem Herrn leicht, einen Armen reich zu machen.« Nun lassen wir ihn selbst erzählen:

Da ist nichts Außergewöhnliches zu berichten, um es gleich vorwegzunehmen: Es ist eine Kette von Wundern, die ich bis jetzt erlebt habe. Als Sohn armer Eltern, mein Vater war Korbmacher, konnte ich nur die Volksschule besuchen. Geboren bin ich am 12. Juli 1892. Vom siebten Lebensjahr an musste ich meinem Vater helfen, Körbe zu flechten. Der Verdienst war sehr gering. Wir waren sieben Kinder. Mein Vater war immer kränklich, so mussten wir Kinder schon von Jugend auf mitarbeiten. Auch meine Mutter hat täglich, fast über ihre Kraft, mithelfen müssen. Wir wohnten in einem ganz kleinen Anbauhäuschen. Der Zugang war zugleich die Küche. Der Arbeitsraum, etwa 10 qm groß, diente auch als Wohn- und Schlafstube. Später mieteten dann meine Eltern eine größere Wohnung, in welcher dann der Arbeitsraum separat war. In meinem achten Lebensjahr wurde mein Vater schwer krank. Er hatte so schwere Magenblutungen, dass man mit seinem Ableben rechnen musste. Doch er erholte sich wieder. Trotz aller Aussichtslosigkeit kaufte er später ein eigenes Haus, ganz auf Schulden. In meinem 16. Lebensjahr starb mein lieber Vater, nachdem er noch acht Wochen im Krankenhaus gelegen hatte. Da brach dann die Not bergehoch über uns herein. Mein Vater war in keiner Krankenversicherung – und dann belasteten uns noch die Schulden vom Haus. Trotz innerer und äußerer Not musste ich von da an das Geschäft alleine weiterführen, obwohl ich keine Prüfung mehr machen konnte und auch noch die verwaiste Vaterstelle auszufüllen hatte. Diese Not trieb mich dann zum Herrn, und er erhörte mein Schreien.

So weit der persönliche Bericht.

In der Tat war der Tod seines Vaters für ihn ein einschneidendes Erleben. Am Grab des Vaters, umgeben von Trauer und Hoffnungslosigkeit, war die Stunde seiner Bekehrung gekommen und gleichzeitig auch die seiner Berufung und Begabung für die kommenden Aufgaben. Als Beispiel möge seine Musikalität dienen. Als Schulbub war er vom Musiklehrer beim Musikunterricht vor die Tür gestellt worden. Sein Lehrer äußerte sich wenig schmeichelhaft: »Hänssler, du verdirbst mir den ganzen Chor.« Aber nachdem mein Vater dem Guten Hirten sein ganzes Leben anvertraut hatte, war wirklich alles anders geworden. Mit Leichtigkeit konnte er Kompositionen schreiben wie andere Leute einen Brief. Dankbar war er für die Unterstützung durch einen Lehrer und den damaligen Leiter der Versammlung. Darüber berichtete er:

> Im CVJM und in der Gemeinschaftsstunde fand ich Trost und Zuversicht und täglich neuen Mut. Ich durfte im Posaunenchor mitwirken und spielte dort bald alle Instrumente. Dann studierte ich – neben der Korbmacherarbeit – als Autodidakt Allgemeine Musiklehre, später Harmonielehre, Kontrapunkt und Formenlehre. Alle Bücher dazu hatte ich auf wunderbare Weise kostenlos erhalten. Am Anfang war es sehr schwer, hinter die Geheimnisse der Musik zu kommen. Ich wurde über dem vielen Studieren – und daneben der strengen Arbeit – sehr krank und konnte etwa ein halbes Jahr überhaupt nicht mehr arbeiten und auch nicht mehr studieren. Doch der Herr richtete mich auf. Es blieb mir aber ein starker Herzfehler, sodass ich nicht Soldat werden konnte. Nach meiner Genesung kaufte ich mir ein altes Tafelklavier für 27 Reichsmark und lernte Klavierspielen. Das Klavier musste ich aber zuerst reparieren, da die meisten Hämmerchen kaputt waren, und dann auch selbst stimmen. Zur Bezahlung eines Fachmannes hätte

ich kein Geld mehr gehabt, musste ich doch sogar meine eigene Trompete deshalb verkaufen, sodass es zum Kauf des Instruments gereicht hat. Eine alte Klavierschule und einige Liederbücher bekam ich so nach und nach geschenkt.

Am Grab des Vaters, umgeben von Trauer und Hoffnungslosigkeit, war die Stunde seiner Bekehrung gekommen und gleichzeitig auch die seiner Berufung.

Mit der Neugründung einer Versammlung entstand auch ein gemischter Chor, dessen Leiter ich war. Im Jahr 1915 heiratete ich meine beste Sängerin: Anna Leitenberger. Die glückliche Ehe dauerte leider nur drei Jahre. Im November 1918 starb meine Frau an der sogenannten asiatischen Grippe. Einige Monate zuvor war unser erstes Kind zweijährig an Hirnhautentzündung gestorben. Auch mein lieber Bruder Otto, der mir im Geschäft und im Singchor treu zur Seite stand, ist im selben Jahr an der Westfront gefallen.

Das waren schwere Schläge für mich. Ich will nicht sagen, dass ich mich gegen Gott aufgelehnt hätte, aber ich konnte Gottes Wege nicht mehr verstehen. Es ging mir wie in dem damals von mir vertonten Lied: »Gottes Wege sind oft dunkel, überschattet von der Nacht«, in dem es am Schluss heißt: »Gottes wunderbare Gnade wandelt sie in Herrlichkeit.« Ich durfte mich dennoch zum Glauben des 73. Psalms durchringen (Psalm 73,21-28).

So weit sein persönlicher Bericht.

Als Sohn fällt mir auf, dass gerade diese schweren Erlebnisse eine Fülle von Liedern entstehen ließen. Es waren Lieder, die von der Ewigkeit handelten, gerade so, als ob es Gottes Hilfsprogramm sei, sich auf die Seite der Kleinen, Bedrängten und Schwachen zu stellen. Manche Lieder entstanden spontan aufgrund von tief greifenden Ereignissen. Als meines Vaters bester Freund als Matrose mit seinem Kriegsschiff unterging, schrieb er die große Motette *Auch das Meer gibt seine Toten wieder*. Alle Lieder dieser Zeit atmen einen tiefen Bezug zur himmlischen Herrlichkeit. Ich möchte nur einige wenige Titel nennen: *Droben im Lichte, da wird es einst tagen; Ich möchte heim, mich zieht's zum Vaterhause; Wer weist den Weg nach der oberen Stadt; Heimat im Lichte dort; In meines Jesu Hände* mit dem Vers »Geht's auch durch Dorn und Dunkel« und dem Refrain »Drum weiß ich, umso schöner wird`s droben einmal sein, wenn ich zu deinen Toren, Jerusalem, zieh ein«.

Alle Lieder dieser Zeit atmen einen tiefen Bezug zur himmlischen Herrlichkeit.

Auch noch viele andere, ähnliche Lieder entstanden in dieser Zeit. Es schien, als ob das Ewige das einzig Gewisse war. Dies alles schuf die große innere und äußere Veränderung in seinem Leben. Trotz aller Not resignierte »der neue Mensch« nicht. Die Veränderung wirkte sich aber auch in seinem Berufsleben aus. Nachdem mein Vater schon einige seiner Kompositionen bei anderen Verlagen veröffentlicht hatte, überlebten alle diese Verlage den Ersten Weltkrieg nicht, und neue Möglichkeiten waren erforderlich. Er schrieb darüber:

Im April 1919 versuchte ich, einige meiner ersten Kompositionen selbst drucken zu lassen. Dazu gehörte das Lied: Auf Adlers Flügeln getragen/übers brausende Meer der Zeit/getragen auf Adlers Flügeln/bis hinein in die Ewigkeit; gedichtet von Anni von Viebahn. Mithilfe von Freunden konnten schon in den ersten Monaten 25 000 bis 30 000 Exemplare verkauft werden. Es folgten dann einige Liederhefte.

In der Tat war die Komposition *Auf Adlers Flügeln getragen* der Grundstein der beginnenden Verlagsarbeit. Die Uraufführung des Werkes fand bei einer Freiversammlung auf der Wiese statt, auf der heute das Gemeinschaftshaus in Stuttgart-Plieningen steht. Tausende von Chören sind im Laufe der Jahre auf dieses Lied direkt angesprungen. Es wurde in viele Sprachen übersetzt und veröffentlicht – in Russisch, Ungarisch, Polnisch, Slowenisch, um nur einige zu nennen. Noch heute wird es vielfach gesungen und häufig als Liedwunsch genannt.

In der Tat war die Komposition *Auf Adlers Flügeln getragen* der Grundstein der beginnenden Verlagsarbeit.

Mein Vater fasste dies alles als Geschenk auf. Im ersten veröffentlichten Liederheft war zu lesen: »Mögen diese mir von Gott geschenkten Lieder vielen zum Segen werden.« Das erste Lied, das in diesem Heft veröffentlicht wurde, gibt die Zielsetzung seines musikalischen Wirkens vor. Der vertonte Text lautet: *Dich preisen will ich, Herr, durch meine Lieder.* Weil er um dieses Ziel wusste, konnte er auch den Weg dorthin gehen. Novalis hat das einmal so ausgedrückt: »Wo gehen wir denn hin? Immer nach Hause.«

So entstand aus einfachsten, ja, primitiven Anfängen der Hänssler-Verlag. Einfachheit und Bescheidenheit als Resultat der Reife, als Mut zum Wesentlichen, als Demut vor Gott oder als Folge der Not? Im Staunen über die gnädige Führung Gottes im Leben meines Vaters fällt mir ein Liedvers von Albert Knapp ein:

Heiland, deine größten Dinge
beginnest du still und geringe.
Was sind wir Armen, Herr, vor dir?
Aber du wirst für uns streiten
und uns mit deinen Augen leiten;
auf deine Kraft vertrauen wir.

Dein Senfkorn, arm und klein
wächst endlich ohne Schein
doch zum Baume,
weil du, Herr Christ,
sein Hüter bist,
dem es von Gott vertrauet ist.

Paulus hat das in folgenden Worten gesagt: »Gott hat das Schwache erwählt, um das Starke zu erniedrigen. Er hat das erwählt, was von der Welt verachtet und gering geschätzt wird, und es eingesetzt, um das zunichtezumachen, was in der Welt wichtig ist, damit kein Mensch sich je vor Gott rühmen kann« (1. Korinther 1,27-29).

Als meine Mutter 1960 ganz plötzlich von Gott abgerufen wurde, bewegte ihn sehr stark die Frage: »Warum hat der Herr über Leben und Tod mir jetzt, wo ich so auf sie angewiesen bin, meine treue ›Gehilfin‹ weggenommen?« Er konnte diesen Verlust nur durch das »Dennoch« des Glaubens überwinden: »Dennoch bleibe ich stets an dir; denn du hältst mich bei meiner rechten Hand« (Psalm 73,23). Über diesen Text hatte mein Vater eine oft gesungene Chormotette komponiert.

Er hatte noch eine schwere Krankheitszeit zu bestehen, ehe er im Oktober 1972 dann starb. Seine letzten Worte, die er, auf dem Bettrand sitzend, in meinen Armen sterbend, sprach, waren: »Gott aber sei Dank, der uns den Sieg gegeben hat durch unsern Herrn Jesus Christus!« (1. Korinther 15,57).

Seine letzten Worte, die er, auf dem Bettrand sitzend, in meinen Armen sterbend, sprach, waren: »Gott aber sei Dank, der uns den Sieg gegeben hat durch unsern Herrn Jesus Christus!« (1. Korinther 15,57).

Charles Colson und Harold Hughes

Entscheidende Begegnungen prägen. Einige amerikanische Freunde haben mein Leben stark geprägt und beeinflusst. Charles Colson, der Sonderberater des amerikanischen Präsidenten Richard Nixon, spielt dabei eine wichtige Rolle, mit ihm war ich eng befreundet.

Jedem amerikanischen Präsidenten stehen Sonderberater für Spezialaufgaben zur Verfügung. Einer der bekanntesten Berater und Vertrauten von Präsident Richard Nixon war Charles Colson. Colson war nicht nur Staranwalt in Washington, D. C., sondern hatte auch den Ruf, einer der trickreichsten und schlagfertigsten Juristen der amerikanischen Ostküste zu sein. Er war ein Mann, dem man einfach jeden Streitfall übertragen konnte. In den vier Jahren seiner Tätigkeit bei Nixon bestätigte sich dieser Ruf. Er bekam von seinen Gegnern die wenig liebevolle Bezeichnung »Henker des Weißen Hauses«. Wie viele Manager, empfand auch Colson seine Arroganz, seinen Stolz und seinen Egoismus als Belastung, die ihn immer mehr vereinsamen ließen. Er war nicht glücklich und führte in Wirklichkeit ein leeres Leben. Dabei hatte er alles, was sich ein Spitzenmanager wünschen konnte. Er besaß eine angesehene Position, eine fesselnde Aufgabe. Er wurde von Freunden geschätzt, von Feinden gefürchtet und war finanziell unabhängig. Eine noch brillantere Zukunft lag vor ihm. Alles das jedoch reicht nicht aus, einem Menschen inneren Frieden, völlige Freiheit von sich selbst und seiner Umgebung zu geben und ihm zu helfen, sein Selbstmitleid und seinen Egoismus zu überwinden.

> Wie viele Manager, empfand auch Colson seine Arroganz, seinen Stolz und seinen Egoismus als Belastung, die ihn immer mehr vereinsamen ließen.

1974 befanden sich die amerikanische Regierung und das ganze Land in einem Stadium der Verwirrung und waren von den tief greifenden Erschütterungen des Watergate-Skandals in einer Art Schockzustand.

Wie hatte dies alles so geschehen können? Colson saß an der Seite von Präsident Nixon im ovalen Amtszimmer des Weißen Hauses in Washington. Sein Leben war erfüllt von großem Idealismus im Blick auf das riesige Land der USA. Die Bevölkerung brachte den führenden Politikern sehr viel Vertrauen entgegen. Aber Nixon, Colson, Ehrlichman, Haldeman, Mitchell, die großartige politische Siege errangen, waren in die Falle des eigenen Machtanspruchs gefallen und Opfer ihrer menschlichen Schwächen geworden. Präsident Nixon musste im Zuge der Watergate-Ermittlungen zurücktreten. Einige der führenden Regierungsverantwortlichen, unter anderem auch Charles Colson, wurden zu Gefängnisstrafen verurteilt. Er war auch einer derjenigen, die für Watergate verantwortlich waren.

In dieser Situation traf ihn einer seiner Freunde, Tom Phillips, Präsident der *Raytheon Company*, Boston – größter Arbeitgeber Neuenglands. Tom Phillips hatte eine Entscheidung für Jesus Christus getroffen und war dadurch ein völlig neuer Mensch geworden. Fasziniert hörte Colson ihm zu. Auch Phillips war ein erfolgreicher Manager, noch nicht 40 Jahre alt und in Spitzenpositionen. Auch er hatte unter der Leere, der Arroganz und der inneren Unzufriedenheit gelitten, bis er diese völlige Veränderung seines Lebens erfahren konnte.

Colson erzählte mir persönlich viele der Details, wie er aufgrund dieses Gesprächs mit dem mir auch persönlich bekannten Geschäftsmann Tom Phillips, mitten in diesen Wirren, noch vor seiner Verurteilung, sein Leben Jesus Christus anvertraut hatte. Auch das Lesen eines Buches von C. S. Lewis, das ihm Tom Phillips schenkte, hatte zu seiner Entscheidung beigetragen. Er verstand plötzlich, dass – während er immer noch über grandiose Reformen im Lande nachdachte – die geistliche Erneuerung eines Volkes mit der Veränderung jedes einzelnen Menschen beginnen muss. Hätte das nicht eine reinigende Wirkung für das ganze Volk?

Er verstand plötzlich, dass – während er immer noch über grandiose Reformen im Lande nachdachte – die geistliche Erneuerung eines Volkes mit der Veränderung jedes einzelnen Menschen beginnen muss.

Charles Colson schrieb über diese ganze Zeit ein bewegendes Buch, das ich damals in deutscher und französischer Sprache veröffentlichte. Eigentlich könnte man über den ehrlichen und entwaffnenden Inhalt des Buches ein Zitat des berühmten und wohl wichtigsten Präsidenten der USA, Abraham Lincoln, stellen: »Ohne Gott muss ich versagen.« Das Werk erschien damals mit dem Titel *Watergate – wie es keiner sah* und wurde von vielen namhaften Politikern unseres Landes gelesen. Nachdem Watergate in den europäischen Köpfen unserer Zeitgenossen etwas abgeklungen war, nannten wir das Buch *Der Berater*.

Im Zusammenhang mit der Veröffentlichung kam Colson auch nach Deutschland und war Hauptredner bei einigen großen Jugendveranstaltungen. Er sprach auch im großen Zelt der Deutschen Zeltmission. In Bonn veranstalteten wir eine internationale Pressekonferenz. Wir hatten zu jenem Zeitpunkt noch wenig Erfahrung mit solchen Veranstaltungen und übergaben dem damaligen Verantwortlichen Amerikas für das Spandauer Kriegsverbrechergefängnis die Aufgabe der Einladung und Moderation. Die Einladung wurde relativ spärlich angenommen. Bis heute sind mir einige Dinge in Erinnerung geblieben. Zunächst einmal die schnelle Fahrt mit dem rasanten Mercedes eines jungen Freundes von Stuttgart nach Bonn. Wir wollten und mussten ja pünktlich sein. Als der Tacho auf der Autobahn über 230 km/h zeigte, drehte sich Colson im Auto zur Rückbank um und fragte: »Are we ready for take-off?« Für amerikanische Verhältnisse musste das so scheinen, als ob ein Flugzeug auf der Rollbahn die richtige Geschwindigkeit zum Abheben erreicht hatte. Der aufmerksamste Journalist bei der damaligen Pressekonferenz war übrigens der von der Moskauer *Prawda*.

Charles Colson verweilte dann mit seiner Frau etwa zehn Tage bei uns zu Hause und wir führten viele intensive Gespräche. Die

Frage, wie es in seinem Leben weitergehen sollte, trieb ihn um und schien äußerst grundlegend für ihn zu sein. Im Auto fuhren wir dann miteinander aus dem Schwabenland nach L 'Abri in die Schweiz. Das Gespräch mit dem dort lebenden und wirkenden Francis Schaeffer war für Chuck, so nannten wir ihn immer, sehr wichtig und hilfreich. Er traf in den damaligen Unterredungen die Entscheidung, nicht mehr in die Politik zurückzukehren, auch seinen Anwaltsberuf nicht mehr auszuüben, und wollte stattdessen gänzlich für den Bau des Reiches Gottes zur Verfügung stehen. Ich spürte in seinem Leben etwas von der Kraft und der Freude der Guten Nachricht von Jesus Christus.

Ich spürte in seinem Leben etwas von der Kraft und der Freude der Guten Nachricht von Jesus Christus.

Seine Vorträge vor vielen Tausenden, meist jungen Menschen wurden als sehr authentisch erlebt. Besonders beeindruckte mich seine Veränderung im Verhalten gegenüber seinen politischen Gegnern. Chuck war früher als rücksichtsloser Politiker bekannt. Allerdings sollte auch erwähnt werden, dass er von seinem ehemaligen Chef Nixon angelogen und betrogen worden ist.

Natürlich hatte er radikale politische Gegner, die die Kehrtwendung seines Lebens weder akzeptieren noch verstehen wollten und konnten. Einer davon, Senator Harold Hughes, wurde einer meiner späteren amerikanischen Freunde. Aufgewachsen auf einer kleinen Farm in Iowa und in der Tat ein Mann von besonderem Format, hatte er im Krieg als Infanterist die Schlachten in Italien erlebt und war nur durch ein Wunder am Leben geblieben. Doch sein Dasein bekam eine ungute Richtung. Aus dem späteren Lastwagenfahrer wurde auch ein Alkoholiker. Von ganz großer, starker Statur, prügelte er sich von einer Bar zur anderen, blieb immer wieder tagelang seiner jungen Familie fern, landete im Gefängnis und dachte an Selbstmord. Eines Abends schrie Harold in all seiner Verzweiflung zu Gott um Hilfe und machte Gebrauch von dem, wozu uns der Allerhöchste selbst in Psalm 50,15 auffordert: »Rufe mich an in der Not, so will ich dich erretten, so sollst du mich preisen.«

Eines Abends schrie Harold in all seiner Verzweiflung zu Gott um Hilfe.

Als er am nächsten Morgen aus seinem Whiskynebel erwachte, war alles in seinem Leben anders geworden. Er trank nie mehr einen Tropfen Alkohol. Einige Jahre später kam der eigenständige und manchmal auch recht eigenwillige Harold zur Demokratischen Partei und bewarb sich später um den Posten des Gouverneurs. Er wurde gewählt, sogar noch zweimal wiedergewählt und dann von seiner Partei als Senator nach Washington entsandt. Dort trat er, entgegen allen politischen Gepflogenheiten, sofort für eine unverzügliche gesetzliche Beendigung des Vietnamkrieges ein.

Das war natürlich Grund genug, Harold während der Zeit der republikanischen Nixon-Administration auf die »Feindliste« zu setzen. Eine Zeit lang stieg er in das Wettrennen um die Präsidentschaftsnominierung der Demokraten ein, denen aber seine unverblümte Art nicht sonderlich behagte. So verabschiedete er sich von der Bewerbung um die Präsidentschaft, empfand aber den Konflikt zwischen seinem politischen Leben mit seinen Anforderungen und seinem persönlichen Engagement als Nachfolger Jesu als immer schwieriger und belastender. Obwohl er absolut sicher sein konnte, dass er als Senator wiedergewählt werden würde, gab er nach inneren Kämpfen schon eineinhalb Jahre vor der Wahl bekannt, dass er am Ende der Legislaturperiode als Senator zurücktreten werde. Viele Politiker machte das betroffen, aber Harold erklärte, er habe den Eindruck, dass er außerhalb des politischen Lebens mehr für seine Mitmenschen tun könne, indem er nur noch dem einen Herrn diente.

So erzählte mir Charles Colson über Harold Hughes, der mir das Gesagte von seiner Seite aus bei vielen Zusammentreffen voll bestätigte. Auf Wunsch und Initiative von Douglas Coe, dem Leiter der *Fellowship*-Arbeit in Washington, sollte es zu einer persönlichen Begegnung der beiden »Kontrahenten« Colson und Hughes kommen, eine sicherlich nicht risikolose Angelegenheit. Kollegen im Kongress und Senat sagten nämlich, »es ist viel zu gefährlich, diese beiden in einem Zimmer allein zu lassen«. Douglas Coe holte beide in seinem verbeulten Chevrolet ab, den aus dem Gefängnis entlassenen Sonderberater Nixons und früheren Rechtsanwalt und den muskulösen, schwarzhaarigen Senator, dem man seine indianischen Wurzeln sehr wohl ansehen konnte. Sie begegneten sich im Hause eines anderen guten Freundes, Al Quie. Bald darauf traf auch noch Graham Purcell, der Kongressabgeordnete, ein. Man unterhielt sich zunächst über Alltägliches, über die Familien und Chuck Colson wartete eigentlich ungeduldig darauf, in das Wesen der *Fellowship*, dieser Freundesgruppe, eingeführt zu werden.

Das sollte allerdings noch bald und sehr anschaulich kommen. Chuck und Harold glichen eigentlich zwei Boxern, die unruhig in den entgegengesetzten Ecken des Ringes verharrten, im Warten auf den Gong, auf die Konfrontation, die kommen musste. Dann forderte Harold, ganz abrupt und völlig unerwartet, Chuck heraus: »Chuck, mir wurde gesagt, Sie seien Jesus Christus begegnet. Würden Sie uns davon erzählen?«

Chuck war darauf in keiner Weise vorbereitet und auch nicht bereit, inmitten von ihm unbekannten Menschen über Christus zu reden. Eigentlich wollte er in diesem Augenblick kneifen. Aber von innen her bekam er eine Festigkeit, sodass er unter dem offenen Blick von Harold stockend zu erzählen begann. Eigentlich war Chuck ein brillanter Redner, so hatte ich ihn immer erlebt, aber diesmal war es ganz anders. Er fühlte seine ganze Unzulänglichkeit und wusste nicht recht, wie er seine innersten Erlebnisse und Erfahrungen in Worte fassen sollte. Für ihn war das Reden über die persönliche Begegnung mit Gott etwas total Neues, und zwischendurch kam ihm der Gedanke, ob die Zuhörer ihn wohl für etwas übergeschnappt hielten. Aber er erzählte weiter, wie in jener Nacht im Zusammensein mit Tom Phillips eine Barriere zusammengebrochen war, die er sein ganzes Leben lang gehütet hatte. Und doch fragte er sich am nächsten Tag, ob nicht die so unerfreulichen Umstände der Watergate-Affäre ihn so fertiggemacht hatten, dass er einfach deshalb nach einem Ausweg suchte. Eine Woche später jedoch konnte er alles mit seinem Verstand ordnen und musste es nicht

»Chuck, mir wurde gesagt, Sie seien Jesus Christus begegnet.«

»Ich erkannte, wer Jesus ist und dass ich ihn brauche – und da konnte ich ihm mein Leben ausliefern.«

seinen Gefühlen überlassen. Er sagte: »Ich erkannte, wer Jesus ist und dass ich ihn brauche – und da konnte ich ihm mein Leben ausliefern.« Chuck stockte, er dachte an das tiefe Erleben der Gegenwart Gottes in seinem Leben, dann beschloss er seinen persönlichen Bericht mit den Worten: »Als neugeborener Nachfolger von Jesus muss ich noch sehr viel lernen. Das weiß ich. Ich bin dankbar für jede Hilfestellung, die Sie mir geben können.«

Es blieb einen Augenblick lang still, dann schlug Harold beide Hände hart auf seine Knie und sagte: »Mehr brauche ich nicht zu wissen, Chuck. Sie haben Jesus angenommen, und er hat Ihnen vergeben. Genau das mache ich jetzt auch. Ich liebe Sie von nun an als meinen Bruder in Christus. Ich werde zu Ihnen stehen, Sie überall verteidigen und Ihnen vertrauen mit allem, was ich bin und habe.« Chuck war so verblüfft, dass er nur ein schwaches »Dankeschön« hervorbrachte, und war so tief bewegt, weil er eine so herzliche und liebevolle Begegnung, außer in seiner Familie, noch nie vorher erfahren hatte. Und nun erlebte er das von einem Mann, der ihn jahrelang wirklich verabscheute und den er seit kaum zwei Stunden persönlich kannte.

«Sie haben Jesus angenommen, und er hat Ihnen vergeben. Genau das mache ich jetzt auch.«

Dann knieten sie alle miteinander nieder und beteten laut. Als Chuck wieder auf den Füßen war, kam Harold lächelnd auf ihn zu und umarmte ihn. Chuck brauchte keine weiteren Erklärungen mehr, was eigentlich *Fellowship* ist. Hatte sich nicht Jesus in Johannes 15,13-15 so geäußert: »Euch habe ich gesagt, dass ihr Freunde seid.«

Auch die anderen Freunde halfen Chuck mit Rat und Tat. Graham Purcell sagte zu ihm: »Politiker hüten sich vor jedem, der auf eine Anklage zugeht, aber Nachfolger von Jesus stehen zusammen.« Graham war vor seiner Wahl als Kongressmitglied Richter in Texas. »Das stimmt«, sagte Al Quie, »wir werden zu Ihnen stehen, halten Sie den Kopf hoch.«

Dies und noch viel mehr berichtete mir Chuck, als er 1976 etwa zehn Tage lang mit seiner Frau Patty bei uns wohnte. Unsere sehr tiefen Gespräche endeten dann mit einer Gegeneinladung. Chuck lud meine Frau und mich zur Teilnahme am Nationalen Gebetsfrühstück in Washington ein – inklusive Flugticket –, von dem ich vorher noch nie etwas gehört hatte. Er sagte: »Du musst unbedingt diese Freunde kennenlernen, die mich durch die schwersten Zeiten meines Lebens getragen haben.« Dass es wirkliche Freunde waren und nicht nur eine Freundschaft wie ein Regenschirm, den man bei schlechtem Wetter zurückgeben muss, habe ich spätestens dann begriffen, als Chuck, durch eine Selbstanzeige bedingt, verurteilt wurde und im Gefängnis landete. Aufgrund dessen konnte er seinem Sohn, der während dieser vaterlosen Zeit in ein Drogendelikt verwickelt war, nicht beistehen. Einer der schon genannten Freunde beantragte beim Justizministerium, dass er für Chuck ins Gefängnis gehen und seine Strafe absitzen würde. Es war Al Quie, langjähriger Kongressabgeordneter der Republikaner für den Staat Minnesota. Das ist echte Freundschaft, besser gesagt *Fellowship*, praktische Bruderschaft.

Meine Frau und ich waren damals zum ersten Mal bei diesem großen, für uns zunächst fast unbegreiflichen Ereignis dabei. Alle die genannten Freunde, und darüber hinaus noch viel mehr, haben wir in den letzten 40 Jahren kennen und schätzen gelernt.

Ich möchte noch drei kleine Episoden erzählen, die den erwähnten Harold Hughes ganz treffend charakterisieren.

Harold saß beim Internationalen Dinner am Tage des Gebetsfrühstücks im voll besetzten Großen Saal des Hilton-Hotels. Es gab Beiträge von vielen Rednern, dazwischen auch Musikeinlagen, auf jeden Fall spürte man, dass einfach im Programm zu viel dargeboten wurde und die Zuhörer sich allmählich etwas überfordert fühlten. Der Moderator der Veranstaltung wollte noch einen Senator aus Alabama als nächsten Redner aufrufen (wobei man wissen muss, dass die Leute aus Alabama in der Regel sehr langsam reden). Da kam von den vorderen Tischen ein Zwischenruf: »Der Senator ist schon weggegangen.« Im Saal befanden sich über 2000 Teilnehmer, Harold Hughes saß am letzten Tisch des Saales und rief daraufhin laut, für alle hörbar: »Praise the Lord.« Natürlich lachten alle befreit auf, und die Versammlung konnte beendet werden.

Am selben Abend waren meine Frau und ich bei Charles Colson und seiner Frau Patty eingeladen. Auch da mussten wir Schwaben kräftig dazulernen. In der Wohnung befanden sich etwa 14 Stühle, aber mindestens doppelt so viele Gäste. Für die anwesenden Senatoren war es selbstverständlich, auf dem Fußboden Platz zu nehmen. Chuck stellte uns vor und sagte über mich: »Das ist mein lieber Freund Friedrich«, und dann ließ er noch einige liebenswerte Bemerkungen fallen und fuhr dann fort: »His English is poor, but his spirit is well.« (Das bedeutet etwa: »Sein Englisch

»His English is poor, but his spirit is well.«

ist armselig, aber sein Geist ist in Ordnung.«) Von da an habe ich natürlich versucht, mich sprachlich zu verbessern.

Dann klingelte das Telefon. Am anderen Apparat war Harold Hughes. Chuck fragte Harold (ich hatte ihm von dem Zwischenruf Harolds erzählt): »Was hast du dir denn heute wieder geleistet?« Sie lachten beide. Harold wollte erfahren, woher Chuck das wüsste. Darauf antwortete Harold: »Sag Friedrich, dass er ein netter Kerl ist.« Das war Harold: Ein fröhliches Herz, ein konsequenter Weg in der Nachfolge von Jesus, ein klarer Blick für die kleinen und großen Nöte unserer Welt, mit großem Mut, Hilfe zu leisten bei den Problemen der Regierenden oder in den Armutsvierteln und dies alles im kindlichen Vertrauen auf Jesus.

Ich bin sehr dankbar für diese Begegnungen mit Folgen. Zudem sind mir eine ganze Reihe von Menschen bekannt geworden, die durch das Buch von Chuck Colson zum Glauben an Jesus Christus gefunden haben.

Ich habe meinen Freunden viel zu danken für die Horizonterweiterung und besonders für die praktizierte und gelebte Einheit von Bekenntnis und Leben. Bei Gott passen Wort und Tat immer zusammen. »Sollte er etwas sagen und nicht tun?« (4. Mose 23,19). Im Hinblick auf unser menschliches Tun sagt uns das Wort Gottes: »Lasset uns nicht lieben mit Worten noch mit der Zunge, sondern mit der Tat und mit der Wahrheit« (1. Johannes 3,18).

> Bei Gott passen Wort und Tat immer zusammen.

Harold war in seiner Direktheit unübertroffen. In einem Seminar des Nationalen Gebetsfrühstücks in Washington sollte ich auch einen persönlichen Bericht geben. Ich hatte zwar die ganze Mappe mit allen Terminen und Informationen für diese ganze Woche ausgehändigt bekommen, da es aber jedes Jahr nach demselben Muster abgelaufen war, dem keine weitere Bedeutung zugemessen. Ein verhängnisvoller Irrtum, wie sich herausstellen sollte. Spät in der Nacht fand ich die Gelegenheit, meine Mappe mit den vielen Papieren durchzusehen und dabei auf einen Notizzettel zu stoßen, auf dem vermerkt war, dass ich am nächsten Morgen in einem großen Saal sprechen sollte. Eine peinliche Überraschung.

Ich machte mich also tags darauf zeitig auf den Weg, um den Moderator der Veranstaltung zu bitten, auf meinen Beitrag doch bitte zu verzichten. Gründe dafür hatte ich schon parat: den Vortrag als Deutscher in Englisch zu halten, keine Vorbereitungszeit dafür gehabt zu haben und so weiter. Nur hatte ich nicht mit dem Moderator namens Harold Hughes gerechnet. Der hörte sich zwar meine Argumente an, aber aus seiner Reaktion war nicht zu schließen, ob er diese von mir angegebenen Gründe akzeptieren würde oder nicht. Ich hoffte das natürlich sehr.

Als er dann die Veranstaltung eröffnete, traute ich meinen Ohren nicht: »Ich habe heute die Freude, euch meinen Freund Friedrich aus Deutschland vorzustellen. Er bat mich zwar, nicht sprechen zu müssen, aber ich habe den Eindruck, dass er genau der richtige Mann ist, uns an diesem Morgen zu berichten, was Jesus in seinem Leben für eine Bedeutung hat.« Ich war geschockt und hatte immer noch gehofft, bei dieser Sache nur als Zuhörer dabei zu sein. Dann fuhr Harold weiter fort: »Friedrich und ich, wir haben manches gemeinsam, aber eines ganz sicher: Wir beide haben immer ein grimmiges Gesicht nach außen, aber nach innen lachen wir permanent.«

Das war typisch Harold Hughes. So war er eben, so echt, dass er in dem großen Hollywood-Spielfilm über das Leben Chuck Colsons und die Verwicklungen in den Watergate-Skandal seine eigene Rolle darin auch selbst spielen wollte. Dafür bekam er die beste Kritik der Fachleute. Eine Biografie über sein spannendes Leben konnte ich vor Jahren veröffentlichen. Harold Hughes wurde inzwischen von Gott abgerufen, andere sind noch in der Arbeit. Was aber hat diese Begegnung bewirkt? Solche Augenblicke der Begegnung führen uns zusammen mit Menschen, die man später in der eigenen Lebensgeschichte als unentbehrlich einordnen würde, und für solche Begegnungen wird ein Mensch ins Leben gesandt.

Solche Augenblicke der Begegnung führen uns zusammen mit Menschen, die man später in der eigenen Lebensgeschichte als unentbehrlich einordnen würde.

Der Leiter dieser *Fellowship*-Arbeit lernte uns kennen und brachte uns in vielfacher Hinsicht ins Staunen. Zunächst sagte er uns, dass Deutschland, von dieser Arbeit aus betrachtet, für sie ein weißer Fleck auf der Landkarte sei. Wir sollten also deutsche Politiker einladen, um nach Washington zu kommen und diese Initiative und viele Freunde persönlich kennenzulernen. Dann sagte er etwas, was mich sehr verwunderte: »Wir beten regelmäßig für Deutschland. Dazu legen wir eine Landkarte auf den Zimmerboden, knien uns hin und dann beten wir für die einzelnen großen Städte in Deutschland.« Offen gesagt, ich war noch nie zuvor auf die Idee gekommen, für amerikanische Städte zu beten.

Diese Begegnung hatte ihre Folgen. Nachdem wir von diesem Treffen stark beeindruckt waren, versuchten wir, für das kommende Jahr einige Politiker zum *National Prayer Breakfast* einzuladen. Das war kein leichtes Unterfangen, zumal ich damals keinen Kontakt zu Verantwortungsträgern in der Politik hatte oder haben wollte. Tatsächlich gelang es dann, einige Bundestagsabgeordnete in die USA mitzunehmen, unter anderen auch unseren baden-württembergischen Minister Wilhelm Hahn, Sohn des bekannten baltischen Märtyrers Pfarrer Traugott Hahn.

Im dritten Jahr, also 1979, konnten dann Manfred Wörner – damals Bundestagsabgeordneter, später Verteidigungsminister und dann Generalsekretär der NATO – sowie Rudolf Decker – Landtagsabgeordneter in Baden-Württemberg – eingeladen werden.

Rudolf Decker war der richtige Mann für diese Initiative, die in Deutschland beginnen sollte, da er als langjähriger Abgeordneter das Wissen und die Kontakte im politischen Bereich hatte. So war es möglich, zunächst mit Abgeordneten des Landesparlaments ein Gebetsfrühstück in Stuttgart zu beginnen, an dem ich viele Jahre auch als Nichtpolitiker teilnehmen konnte. Von 1981 an startete ein solches Gebetsfrühstück auch in Bonn mit Abgeordneten des Bundestages. In der Zwischenzeit gibt es solche Gebetsfrühstücke in acht Landesparlamenten und natürlich auch in Berlin mit den Bundestagsabgeordneten. Die Arbeit weitete sich auch aus auf andere Initiativen: Treffen mit den Botschaftern vieler Länder, mit höheren Beamten der Ministerien, im Jugendforum, mit Impulsen für ähnliche Veranstaltungen in einer ganzen Reihe von anderen Ländern. Das sind sichtbare Nebenwirkungen von Begegnung.

Inzwischen wird die Frage nach der Verantwortung vor Gott und den Menschen gerade von Verantwortungsträgern viel intensiver gestellt als in den vergangenen Jahrzehnten. Es ist über die Jahre hinweg ein weltweiter Freundeskreis entstanden, der Nachfolger Christi auch über Grenzen und Kontinente hinweg vereinte, ermutigte und immer wieder auch aktiv werden ließ in der Friedensvermittlung bei kriegerischen Auseinandersetzungen. Wenn Jesus unser Friede ist, wie es Paulus im Brief an die Epheser schrieb, dann ist der »Beruf« der Nachfolger Jesu auch, Friedensstifter zu sein. Friede, der von innen nach außen wächst.

Wenn Jesus unser Friede ist, dann ist der »Beruf« der Nachfolger Jesu auch, Friedensstifter zu sein.

Wohltuend fielen bei diesen Begegnungen aktive, echte Fröhlichkeit und die ganz persönliche Note unter Freunden in der *Initiative Verantwortung* auf. Man interessierte sich für den anderen als Freund, unabhängig von Parteizugehörigkeit oder Hautfarbe.

Charles Colson starb im April 2012. Ein Journalist der weltbekannten *Washington Post* schrieb anlässlich seines Todes:

»Colson … wurde einer der einflussreichsten Sozialreformer des 20. Jahrhunderts und war durch seine Bekehrung die gründlichst veränderte Person, die ich kennenlernte. Seine plötzliche Reise vom Weißen Haus in eine Gefängniszelle beendete sein Leben der Hochleistung, um nun ein Leben von Bedeutung zu beginnen … Die Zerstörung der Karriere Colsons machte ihn frei für eine Berufung, die er selbst nie gewählt hätte. Das Werk, das er gründete, *Prison Fellowship*, ist weltweit das größte Hilfswerk für Gefangene und ihre Familien, mit Aktivitäten in über 100 Ländern, auch Deutschland inbegriffen.

> Colson war durch seine Bekehrung die gründlichst veränderte Person, die ich kennenlernte.

Colson leitete eine Bewegung von Volontären, die es wagten, dem am wenigsten liebenswerten Menschen mit der Liebe Jesu zu begegnen. Diese Umkehr der sozialen Prioritäten ist der beste Beweis, dass der Glaube mehr ist als eine Krücke, Opium oder Selbsthilfeprogramm.

Ich füge noch hinzu: Es ist ein eigenartiges Gefühl, einen Freund wie Chuck zu verlieren und zu erleben, welch unerwartete Auswirkungen Begegnungen in seinem Leben, mit seinem Leben und durch sein Leben hatten.

Manfred Siebald formulierte das so:

Ins Wasser fällt ein Stein,
ganz heimlich, still und leise;
und ist er noch so klein,
er zieht doch weite Kreise.
Wo Gottes große Liebe in einen Menschen fällt,
da wirkt sie fort
in Tat und Wort
hinaus in unsre Welt.

Johanna Dobschiner-Douglas

Johanna Dobschiner – von uns als ihren Freunden wollte sie immer als Hansi angesprochen werden – wurde in Berlin geboren und wuchs dort im Ullsteinhaus auf. Schon als Kind erlebte sie die Anfänge des Nationalsozialismus in Deutschland. Aufgrund der wachsenden Judenverfolgung musste ihre Familie Deutschland verlassen und flüchtete nach Holland. Dieses Land konnte allerdings nur einige Jahre ein Zufluchtsort bleiben. Als die deutsche Armee in Holland einmarschierte, begann die Verfolgung erst richtig. Hansi erlebte dann als junges Mädchen alle Stationen der furchtbaren Judenverfolgung mit.

Ihre Familie wurde verhaftet, ihre beiden Brüder verschleppt und ermordet. Sie selbst konnte sich als Krankenschwesterschülerin der Verfolgung eine Zeit lang entziehen. Zweimal kann sie nach einer erfolgten Verhaftung wieder fliehen. Ihre Eltern kamen dann zum nächsten Transport in die Vernichtungslager. Kein Angehöriger ihrer Familie war nunmehr unter den Lebenden, und fast die ganze Großfamilie, mit annähernd 30 Mitgliedern, stirbt in den Todeslagern der Nazis. Sie selbst, als Krankenschwesterschülerin, wurde nur gerettet, weil zum Zeitpunkt des Abtransports ihrer Familie ein mutiger Arzt sie im Krankenhaus am Blinddarm operierte, obwohl sie kerngesund war, aber auf diese Weise konnte sie nicht wegtransportiert werden.

In dieser Situation wird sie von der holländischen Untergrundorganisation in Sicherheit gebracht. Sie überlebt dann in allen möglichen und unmöglichen Verstecken holländischer Familien und wurde immer wieder von einem Schlupfwinkel in den anderen gebracht. Ihr Versteck- und Fluchtplaner, ein furchtloser holländischer Pfarrer, wurde von den Nazis aufgespürt, zum Tode verurteilt und erschossen. Er musste diese Hilfe mit dem eigenen Leben bezahlen.

Hansi wurde weiter versteckt und fand in einem schützenden Bodenraum eine Kinderbibel. Zeit zum Lesen hatte sie ja genügend. Als Jüdin las sie die alten, ihr so wohlvertrauten Geschichten ihres Volkes, las aber auch, sozusagen als Fortsetzung, die Geschichten des Neuen Testaments und fand beim Lesen und Durchdenken die Parallelen. Durch manche Not und Anfechtung hindurch trifft Hansi eine klare Entscheidung für ihren Messias Jesus Christus, ohne Mithilfe eines anderen Menschen. Sie war zwar äußerlich gefangen im Untergrund, aber innerlich frei geworden durch Gottes Gnade.

Sie war zwar äußerlich gefangen im Untergrund, aber innerlich frei geworden durch Gottes Gnade.

Die Lebensgeschichte von Hansi Dobschiner ist erschütternd, bewegend und doch befreiend. Wir veröffentlichten ihre Lebensgeschichte 1973 im Hänssler-Verlag. Beim Kongress für Weltevangelisation in Lausanne 1974 traf ich Hansi zum ersten Mal persönlich. Sie hatte eine ungewöhnlich starke Ausstrahlung, voller Güte und Liebe, durchdrungen von der Liebe Jesu, gerade auch uns Deutschen gegenüber, die wir ihre ganze Familie ausgelöscht hatten. Keine Spur von Anklage uns gegenüber, nur überströmende Liebe. Das durften wir als Familie besonders erfahren. In guter Erinnerung ist uns eine Mittelmeer-Kreuzfahrt mit etwa 700 meist jungen Menschen geblieben, zu der wir Hansi einladen durften. Auf diese Weise kam sie zum ersten Mal in das Land ihrer Väter. Auf dem Schiff feierte sie mit uns, bei stürmischer See, einen Sederabend (häusliche Passahfeier) und gab ein beredtes Zeugnis von ihrem Glauben an Jesus Christus, den Messias. Unser kleiner Sohn Markus war es, den sie bat, ihr die im Alten Testament erwähnten Fragen zu stellen: »Wenn dich nun dein Sohn heute oder morgen fragen wird und sagen: ›Was sind das für Zeugnisse, Gebote und Rechte, die euch der Herr, unser Gott, geboten hat?‹« (5. Mose 6,20) oder »Was ist das?« (2. Mose 13,14).

Durch ihre Liebe war sie Vorbild für viele, denen sie Wegzeiger zu Christus sein konnte. Bei einer Jubiläumsfeier des Hänssler-Verlages stand sie als Rednerin in einer großen Stadthalle, um fröhlich Christus zu bezeugen. Sie, die tief erfüllt war von dem Neuen, das durch Jesus in ihr Leben trat und es vollkommen verwandelte. Die übergroße Last, die sie trug, die Trauer um Eltern, Brüder, Verwandte, um ihren Retter, der sie und andere vor dem Tod bewahrt hatte und eben für diese Tat von der Gestapo hingerichtet

Durch ihre Liebe war sie Vorbild für viele, denen sie Wegzeiger zu Christus sein konnte.

worden war, und der Hass auf die Verfolger waren von ihr genommen. Unrecht, Schuld und alle menschlichen Unzulänglichkeiten hatte sie in die Hände des höchsten Richters gelegt und war frei und glücklich in ihrem neu geschenkten Leben.

Ich habe Hansi nur einmal in meinem Leben tief erschüttert gesehen, als gerade nach der erwähnten Jubiläumsveranstaltung eine nicht von besonderer Weisheit geplagte Frau sie fragte, ob sie all dies, was sie von dieser schrecklichen Zeit erzählte, auch wirklich selbst in der Naziverfolgung erlebt hätte. Wer Hansi auch nur ein wenig kannte, diese klare, wahre, fröhliche, vorbildliche Persönlichkeit, der konnte nur den Kopf schütteln über so wenig Feinfühligkeit der Fragenden.

Hansi war für mich, unsere ganze Familie und für einen großen Freundeskreis ein Vorbild an Glaubhaftigkeit und Echtheit. Über ihr Leben kann man schreiben: »Die ihn aber lieb haben, werden strahlen vor Freude!« (nach Richter 5,31).

Peter Dugulescu

Peter wurde 1945 in dem kleinen und armen Dorf Chelmac in Rumänien geboren, ein Jahr, nachdem die russische Armee die rumänische Hauptstadt Bukarest besetzte. Mit der Unterstützung der russischen Panzer und der Gewalt Stalins übernahm die kleine kommunistische Partei Rumäniens die Macht im Lande.

Die religiösen Leute, die sich um ein nahe gelegenes Kloster scharten, wurden von den sowjetischen Soldaten ausgelacht, die riefen »Bog-nyet« (Es gibt keinen Gott). Die dort lebenden Nonnen wurden einfach vertrieben. Um Weihnachten 1948 wurden alle griechisch-katholischen Kirchen, die mit Rom verbunden waren, geschlossen, ihre Ländereien wurden Staatseigentum, Priester und Kirchenmitglieder in die rumänisch-orthodoxe Kirche integriert, alle Bischöfe und sehr viele Priester verhaftet, nicht wenige von ihnen ermordet.

Die rumänisch-orthodoxe Kirche wurde geleitet vom Patriarchen in Bukarest, der von der Regierung per Dekret eingesetzt werden konnte als Belohnung für seine Loyalität dem kommunistischen Regime gegenüber.

Peter wuchs in einer evangelikalen Baptistengemeinde auf und musste deshalb in der Schule viel Spott über sich ergehen lassen.

Als er dreizehn Jahre alt war, erklärte er seinen Eltern, dass er nicht mehr in die Kirche gehen und nicht mehr die Bibel lesen wollte, weil sein »Genosse Lehrer« ihm erzählt hatte, die Bibel sei nicht wahr. Seine Jugendzeit war recht schwierig. Die Eltern, gezwungenermaßen in einer Kolchose arbeitend, konnten das Schulgeld für Peter nicht aufbringen. Er selbst musste dort mitarbeiten, um überhaupt überleben zu können. Die Verhältnisse waren katastrophal. Schließlich besorgte ihm eine Verwandte die Arbeitsstelle in einer Eisenbahn-Reparaturwerkstatt. In der Volkshochschule konnte er sich in Abendkursen weiterbilden. Dort besuchte er eine Theater- und Schauspielschule, die für den 20. Jahrestag »der Befreiung des Vaterlandes vom faschistischen Joch durch die glorreiche Rote Armee« monatelang eine Mammutschau probte und dann im Rose-Park in Timisoara aufführte. Dieses Umfeld war für Peter zwar interessant, aber der Umgang mit atheistischen Schauspielern, Studenten und mit den dargebrachten Texten (z. B. »Regierungen kommen und gehen, aber der Kommunismus bleibt. Kaiser und Könige vergehen, aber wir, das Volk, sind für immer König«) brachten ihm eine innere Leere, einen schlechten Lebensstil, letztlich Perspektivlosigkeit und ein Leben ohne Hoffnung.

Der Umgang mit atheistischen Schauspielern, Studenten und mit den dargebrachten Texten brachten ihm eine innere Leere, einen schlechten Lebensstil, letztlich Perspektivlosigkeit und ein Leben ohne Hoffnung.

Ein Freund, den er nicht enttäuschen wollte, lud ihn zu einer Vortragsreihe in der Baptistenkirche ein. Eigentlich wollten sie dort nette Mädchen sehen. Peter aber war von der Kraft der Rede des

Predigers Pit Popovici zum Thema »Ist die Bibel wahr« völlig erfasst, sodass er auch die Folgevorträge besuchte und kam – nach Abwägung der Konsequenzen, die diese mit sich bringen würden – zu der Entscheidung, sein Leben Jesus Christus auszuliefern. Für den erst 20 Jahre alten Peter begann nun ein neues, verändertes Leben. Weil jugendliche Christen keine Gottesdienste feiern durften, trafen sie sich heimlich in verschiedenen Wohnungen. 1966 wurde er dann zur Armee einberufen und dort zu den Fallschirmjägern abkommandiert.

Der junge Bursche war sich durchaus seines Risikos unter der stetigen strengen Kontrolle des kommunistischen Staates bewusst, als er 1970 in das Baptistische Theologische Seminar in Bukarest ging, welches nur zu reinen Propagandazwecken unter besonderer Erlaubnis des »Systems« geöffnet wurde, um nach außen hin religiöse Freiheit zu demonstrieren. Im Jahre 1974 wurde Peter dann als Pastor in Hateg ordiniert – und schon begannen die Schwierigkeiten mit Verhör, Hausdurchsuchung und mit Drohungen, verhaftet zu werden. Im selben Jahr wurde Ceauşescu Präsident der Sozialistischen Republik Rumänien und die christlichen Feiertage wurden zu säkularen umfunktioniert. Das Christfest nannte man jetzt »Winterbaumfest«. Peters Telefon war von der *Securitate* angezapft, häufige Polizeikontrollen erfolgten und in den Wohnzimmern, selbst im Schlafzimmer, waren heimlich Mikrofone installiert. Man wollte ihn in jeder Hinsicht, vor allem jedoch psychisch und durch falsche Anklagen vor Gericht, auch seinen guten Ruf zerstören.

1985 erhielt Peter eine Berufung, als Pastor nach Timisoara zu gehen, wohl wissend, dass der Präsident der Baptistenunion und auch die staatliche Behörde für religiöse Angelegenheiten, die ihn sogar mit einem Mordanschlag bedrohte, erbitterten Widerstand leisten würden. Im Gehorsam Gott gegenüber ließ er sich jedoch nicht einschüchtern, hielt in Timisoara eine Predigt und wurde auf der Rückfahrt nach Hateg absichtlich von einem Bus ohne Insassen gerammt. Dabei verletzte man ihn und auch seine mitfahrende Frau und Tochter schwer. Die *Securitate* hatte auf ihre Weise zugeschlagen, das konnten auch unbeteiligte Zuschauer des »Unfalls« bestätigten.

Selbst in der Rehazeit, nach wochenlangem Krankenhausaufenthalt, wurde er von Spitzeln überwacht und herausgefordert. Bei einer notwendig gewordenen Nachoperation wurden zwei weitere Versuche unternommen, Peter zu ermorden. Nachdem es nicht gelang, ihn physisch zu beseitigen, kamen die psychischen Versuche, und die kamen massiv vonseiten des Präsidenten der Baptistenunion. Die staatliche Behörde entzog ihm die Aufenthaltserlaubnis für Timisoara und damit auch die Möglichkeit, rationierte Lebensmittel zu kaufen.

Mitte Dezember 1989 ereignete sich eine »christliche Revolution«. Massen von Menschen ohne Waffen oder Panzer sangen, beteten, hielten Kerzen in ihren Händen und erhoben sich gegen den totalitären atheistischen Staat. Zwei Tage und zwei Nächte lang standen die Menschen Schulter an Schulter, um den ungarischen Pastor Laszlo Tökes vor seiner Verhaftung zu schützen. Dann fielen die ersten Schüsse, es gab viele Tote. Die Verwundeten wurden nicht ins Krankenhaus gebracht, sondern außerhalb der Stadt erschossen. Die Proteste gingen dennoch weiter. Im Lärm des

Maschinengewehrfeuers waren die Schreie der Menschen »Freiheit, Freiheit, nieder mit dem Kommunismus« kaum hörbar. Trotzdem weiteten sich die Proteste aus. Menschen riefen: »Gott lebt!« Ein Professor des Polytechnikums bat über Lautsprecher: »Wir brauchen einen Priester am Mikrofon, der zu uns über Gott spricht. Nach 45 Jahren Atheismus müssen wir von Gott hören.« Nun versuchte man, Priester der orthodoxen Kathedrale zu holen. Sie, die mit der *Securitate* verbunden waren, verweigerten sich aber. Dann geschah ein kleines Wunder. Peter wurde als Pastor erkannt und man rief ihn an das Mikrofon auf dem Balkon des Opernhauses. Auf dem Opernplatz und in den umliegenden Straßen waren inzwischen über 100 000 Menschen versammelt. Natürlich befanden sich auch *Securitate*-Leute unter ihnen.

Überwältigt und überrascht von dem Ausblick sprach Peter dann zu der riesigen Menge: »Ich möchte euch Gott zurückbringen. Die Kommunisten wollten Gott beschlagnahmen, ihn aus unserem Denken, unseren Familien, unseren Schulen vertreiben. Sie hassten Gott! Sie haben auch mehrfach versucht, mich zu töten. Aber ich lebe heute, weil mein Gott lebt.« Das war ein gewaltiges Zeugnis.

In diesem Augenblick erhob sich, wie der Ausbruch eines Vulkans, ein gewaltiger Aufschrei der Menge: »Gott lebt!« Immer und immer wieder riefen die Menschen: »Gott lebt!« Während Peter noch sprach, einige Prinzipien für das Rumänien von morgen skizzierte, kam die unfassbare Eilmeldung aus Bukarest, dass der Verteidigungsminister Selbstmord begangen habe. Er sollte den Schießbefehl geben, um in die Menge zu feuern. Weiter wurde gemeldet, Diktator Ceauşescu und seine Frau seien mit dem Hubschrauber geflohen.

Jetzt jubelten die Menschen. Gleichzeitig erging Peters Bitte an die Anwesenden, mit ihm das Vaterunser zu beten: »An diesem historischen Tag der Befreiung unseres Volkes vom Joch des Kommunismus lasst uns mit diesem Gebet Gott die Ehre geben! Jedermann, absolut jedermann!« Und das Unglaubliche geschah. Über 100 000 Menschen knieten auf dem Boden und wiederholten das Vaterunser.

Mitte Dezember 1989 ereignete sich eine »christliche Revolution«. Massen von Menschen ohne Waffen oder Panzer sangen, beteten, hielten Kerzen in ihren Händen und erhoben sich gegen den totalitären atheistischen Staat.

Freunde aus dem Parlament baten Peter 1992, sich doch um einen Sitz im Parlament zu bewerben, zumal er sich im Kampf um religiöse Freiheit bereits bewährt hatte. Im September desselben Jahres wurde er dann tatsächlich ins Parlament gewählt und gründete zusammen mit dem Senator Ioan Alexandru eine parlamentarische Gebetsgruppe. Sie trafen sich jeweils ausgerechnet mittwochs – welch ein wunderbares Zeichen – im früheren Arbeitszimmer von Elena Ceauşescu, der Frau des Exdiktators. In diesem Zimmer gab sie die Befehle zur Unterdrückung von Christen, der Zerstörung von Kirchen und Vernichtung von Bibeln. Jetzt lagen die Bibeln der Abgeordneten auf ihrem Schreibtisch.

Es war für mich ein Vorrecht, Peter immer wieder persönlich zu begegnen, mal in Berlin, mal in Washington oder sonst wo. Wir wurden schnell Freunde. Bewegend war für mich vor allem auch ein kurzer Einblick in seine *Securitate*-Geheimakte. Ein vielfacher, junger Mörder wurde von der *Securitate* gedungen, viele Mordanschläge gegen Peter auszuführen. Trotz jahrelanger Jagd auf ihn scheiterten alle diese Versuche auf wunderbare Weise. Drei Jahre nach dem Umsturz in Rumänien bekannte der »Todesengel« – so wurde dieser Mörder genannt – gegenüber Peter alle seine mörderischen Pläne und kam im Gefängnis zum Glauben an Jesus Christus. Peter, der ihn häufig als Abgeordneter im Gefängnis besuchte, taufte dort schlussendlich seinen ehemaligen Widersacher, nachdem dieser ein klares Bekenntnis zu Jesus Christus abgelegt hatte und ein total verändertes Leben führte.

Bewegend war für mich – und wird es immer sein – zu lernen, wie der große Gott seinen Kindern hilft, ihm in allen Situationen zu vertrauen.

Bewegend war für mich – und wird es immer sein – zu lernen, wie der große Gott seinen Kindern hilft, ihm in allen Situationen zu vertrauen und ihn zu bekennen, mit allen Konsequenzen. Gott ist nichts unmöglich.

Bis heute ist Peter für mich ein Vorbild als echter Nachfolger Jesu. Inzwischen wurde er von dieser Erde abgerufen und ist daheim bei seinem Herrn, dem er zu Lebzeiten kompromisslos gedient hat.

Festo Kivengere und Janani Luwum

Beiden bin ich erstmalig in Lausanne beim Kongress für Weltevangelisation 1974 begegnet. Und beide beeindruckten mich, jeder auf seine Art, in besonderer Weise. Janani Luwum, Erzbischof der Anglikanischen Kirche in Uganda, war ein Bevollmächtigter des Christus und durch seine persönliche Ausstrahlung und Autorität, auch von Gestalt und Wesen, eine imposante Erscheinung. Die Freude Gottes strahlte besitzergreifend aus dem Angesicht dieses großen, starken Mannes. Mit seinen blitzenden Zähnen hätte er gut Werbung für eine Zahnpasta-Marke machen können, und er machte es einem leicht, in Kontakt mit ihm zu kommen. Festo Kivengere, einer der 18 anglikanischen Bischöfe in Uganda, war etwas zurückhaltender, so schien es mir anfänglich, und beeindruckte mich ganz stark durch seine Schlussansprache beim Kongress. Vor den vielen Teilnehmern aus aller Welt sprach er über die Bedeutung des Kreuzes Jesu. Das war eine so vollmächtige Ansage und Aussage, die man ein Leben lang nicht vergessen kann.

Festo, so möchte ich ihn jetzt einfach nennen, äußerte sich einmal über seine Situation, seinen Auftrag, wie folgt: »Ich will davon berichten, was Gott für ganz normale Christen in einer ganz normalen, alltäglichen Kirche getan hat, inmitten von Stürmen und Schwierigkeiten. Wir haben einfach erfahren, dass Christus als besonders helles Licht erscheint, wenn alles ringsum hoffnungslos dunkel ist.«

»Wir haben einfach erfahren, dass Christus als besonders helles Licht erscheint, wenn alles ringsum hoffnungslos dunkel ist.«

Von welchen Stürmen hat Festo da gesprochen?

Die ugandische Kirche war schon bald nach ihrer Gründung 1877 zu einer Kirche mit vielen Märtyrern geworden. Der erste Bischof, der in Uganda um seines Glaubens willen 1885 starb, war Bischof Hannington. Im selben Jahr wurden bereits einige Jugendliche vom muslimischen König getötet, der das Christentum ausrotten wollte. Der älteste der jugendlichen Märtyrer war 15 Jahre alt, der jüngste 11. Sie hielten an ihrem Glauben fest. Bis zum Ende des ersten Jahrzehnts seit Bestehen der Gemeinde im Jahr 1887 waren Hunderte getötet worden. Jedes Dorf, in dem es Gläubige gab, zählte Märtyrer. In diesen gefährlichen Tagen wuchs die Zahl derer, die Christus als ihren Herrn aufnahmen, beständig an. In der Verfolgung waren sie teilweise gezwungen, in den Untergrund zu gehen. Doch überall, wo ein Christ getötet wurde, traten mehrere Neubekehrte an seine Stelle. Festo sagte einmal: »Eine lebende Gemeinde geht durch Verfolgung nicht zugrunde, sie wird vielmehr in höherem Maße das, was sie sein soll, wenn sie von allen Seiten unter Druck gesetzt wird.«

Doch überall, wo ein Christ getötet wurde, traten mehrere Neubekehrte an seine Stelle.

1977 war das hundertste Jahr, seitdem das Licht des Evangeliums Uganda erreicht hatte. Erzbischof Janani Luwum machte sich schon lange Gedanken darüber, wie man das Jubiläumsjahr in einer so lebendigen, stark wachsenden Kirche begehen könnte. Niemand konnte ahnen, dass er selbst dieses gleich zu Anfang mit seinem eigenen Blut besiegeln würde.

Was war in Uganda geschehen? 1971 wurde Generalmajor Idi Amin Dada Präsident aufgrund eines stattgefundenen Militärputsches. Das Volk war zunächst sehr begeistert und tanzte auf den Straßen der Hauptstadt Kampala, zumal der neue muslimische Präsident alle Staatsbürger mit Nachdruck ermahnte, treu in ihre Kirche oder Moschee zu gehen. Es war eine kurze Zeit voller Optimismus, denn schon nach drei Monaten bekam das Militär ungewöhnliche Machtbefugnisse. Jeder, der auch nur verdächtig war, das Regime zu gefährden, konnte verhaftet und sofort hingerichtet werden. Sehr geachtete Persönlichkeiten, intelligente Führungskräfte »verschwanden« plötzlich, andere flohen aus dem Land. Aber in dem Maße, in dem Gefahr und allgemeines Unbehagen wuchsen, nahm das geistliche Leben zu, die Kirchen füllten sich, es gab eine Erweckung.

Die Haltung des Präsidenten Idi Amin veränderte sich zusehends. Nach krassen politischen Fehlentscheidungen und dem Krieg mit Partisanen aus Tansania fühlte er sich in seiner Position immer unsicherer und griff immer mehr zu abscheulichen Mitteln wie zum Beispiel Mord, um sich zu schützen. Viele Christen kamen ins Kreuzfeuer, vor allem solche, die eine hohe Stellung im Staat innegehabt haben. Viele von ihnen kamen ums Leben, manche retteten sich nur durch Flucht ins Ausland.

Während dieser schwierigen Zeit wurde Festo zum Bischof einer Diözese in Westuganda berufen. Im Februar 1973 wurden trotz einer persönlichen Intervention von Festo beim Präsidenten in Kabale drei junge Christen öffentlich hingerichtet. Dreitausend Menschen mussten gezwungenermaßen zuschauen. Auf Veranlassung des Präsidenten sollte 1974 die Anglikanische Kirche in Uganda verboten werden. Daraufhin protestierten alle Bischöfe und ihr Sprecher Festo Kivengere übergab dem Präsidenten ein Memorandum, das dann in den Medien veröffentlicht wurde.

Idi Amin, ein radikaler Judenhasser, hatte einen immer besseren Kontakt mit Präsident Gaddafi von Libyen. Dieser sagte zu Idi Amin: »Sie sind ein Prophet. Wenn ich Sie sehe, sehe ich einen zweiten Mohammed. Gehen Sie voran!« Und König Feisal von Saudi-Arabien überreichte Präsident Idi Amin mit den Worten: »Machen Sie Uganda mit diesem Schwert moslemisch!« eine riesige Schale aus Gold und ein goldenes Schwert. Es schien, als wäre Idi Amin seit jener Zeit ein Mann mit missionarischen Zielen geworden, der den Islam in Uganda mit allen Mitteln – auch Lügen, Folterungen, Massakern – durchzusetzen versuchte. Die Mehrheit der Bevölkerung Ugandas waren jedoch Christen, ca. 60–70 %, nur 10 % Moslems gab es. Genau das war sein Problem. Die meisten politischen Beobachter schätzten, dass bis dahin schon mehr als 90 000 Menschen getötet worden waren.

Im Juni 1974 wurde der hochbegabte Janani Luwum Erzbischof der Kirche in Uganda. Festo Kivengere und Janani Luwum kamen dann miteinander zum großen Weltkongress für Evangelisation nach Lausanne. Die Erweckungsbewegung in Uganda breitete sich wie ein Feuer über das ganze Land aus. Obwohl viele Menschen umgebracht wurden und sich Hunderte in den Folterkammern befanden, waren die Kirchen überfüllt. Selbst ein brutal niedergeschlagener Studentenaufstand, welcher für Gerechtigkeit und Ordnung kämpfte und bei dem auch Festos Tochter Charity verletzt wurde, führte zu einer weiteren Bekehrungswelle innerhalb der Studentenschaft.

> Die Erweckungsbewegung in Uganda breitete sich wie ein Feuer über das ganze Land aus.

Am 8. Februar 1977 kamen nachts die Schergen ins Haus von Janani Luwum, durchsuchten und durchwühlten angeblich auf der Suche nach versteckten Waffen alle Räume. Auch in der Kirche suchten sie, sogar unter dem Altar. Janani berichtete später, was er diesen acht Bewaffneten gesagt hatte: » Unser Haus ist Gottes Haus. Wir predigen das Evangelium und beten für den Präsidenten, die Sicherheitsbeamten und andere. Das ist unsere Aufgabe, nicht das Verstecken von Waffen.« Janani wollte mit dem Präsidenten über diesen Überfall reden, doch er konnte ihn nicht erreichen. Zur selben Zeit wurde Bischof Okoth verhaftet. Janani rief gleich am nächsten Tag 15 Bischöfe nach Kampala zusammen. Dort beschlossen sie eine gemeinsame Resolution, weil dieses Geschehen an dem Nerv der Kirche in Uganda rührte. Darin brachten sie dem Präsidenten gegenüber ihre tiefe Sorge um die Kirche und um das »Volk, dem sie unter seiner Obhut dienten«, zum Ausdruck.

Idi Amin lehnte ein Gespräch mit den Bischöfen ab, wandte sich aber per Telefon an Janani. Als es dann zu einer Aussprache zwischen Präsident und Erzbischof kam, berichtete Radio Uganda nur andeutungsweise von dieser Begegnung und streute außerdem üble Verdächtigungen in die Welt: »Man hätte in der Nähe von Jananis Haus Waffen gefunden …«

Das Unrecht nahm am 16. Februar seinen weiteren Lauf. Alle religiösen Würdenträger wurden auf einen freien Platz befohlen, 3 000 Soldaten waren dort versammelt. Stundenlang standen sie in der glühenden Sonne und mussten sich absolut verlogene Anklagen über einen angeblich geplanten Umsturz anhören, erpresste »Geständnisse« wurden verlesen. Der Vizepräsident gab zu verstehen, dass sich Kirchenführer in Regierungsangelegenheiten eingemischt hätten und wohl meinten, sie ständen über dem Gesetz. Am Ende schrie er zu den Soldaten hinüber: »Nun habt ihr gehört, was diese Leute getan haben. Was meint ihr? Was sollen wir mit ihnen tun?« »Erschießen, sofort erschießen«, brüllten die Soldaten. Festo erzählte: »Es war wie am Tag der Kreuzigung Jesu.« Sie alle rechneten mit ihrer sofortigen Verhaftung. Man befahl ihnen, ins Konferenzzentrum zu gehen. Dort mussten sie neue falsche Anklagen über sich ergehen lassen. Neun Bischöfe wurden in einen anderen Raum verwiesen, wo man sie zunächst stundenlang bewachte und dann wegschickte. Nur der Erzbischof sollte mit dem Präsidenten sprechen. Janani, der ein »Bekenntnis« unterschreiben sollte, sich aber geweigert hatte, sah seiner Verhaftung entgegen. Während Festo, welcher zusammen mit Janani im Auto gekommen war, stundenlang auf dessen Rückkehr wartete, wurde Janani zusammen mit

»Erschießen, sofort erschießen«, brüllten die Soldaten. Festo erzählte: »Es war wie am Tag der Kreuzigung Jesu.«

zwei treuen Ministern der Regierung, dem Landwirtschaftsminister Oryema und dem Innenminister Ofumbi, am 18. Februar 1977 gegen 18.00 Uhr erschossen. Ein Mithörer berichtete, Janani habe laut für seine Mörder gebetet, bevor er starb. Augenzeugen sahen seine und zwei andere Leichen mit Schusswunden, ehe später Gefängnisfahrzeuge über die Leichen fuhren, damit es wie ein Verkehrsunfall aussah. Die Zeitungen berichteten dann: »Tragischer Verkehrsunfall … Wir bedauern …«

Eine große internationale Beisetzungsfeier war angesetzt, aber die Regierung verweigerte den ausländischen Gästen die Einreise. Die große Kathedrale war dennoch überfüllt. Trotz mehrfachen Drohungen seitens der Machthaber waren etwa 4500 Menschen gekommen, um im Abschiedsschmerz Christus zu bekennen. Erica Sabiti, der Erzbischof im Ruhestand, las aus der Schrift die Worte der Engel an die Frauen, die am Tag der Auferstehung zum Grab kamen: »Er ist nicht hier. Er ist auferstanden.« Die Menschenmenge fing an zu singen, zuerst leise, dann lauter: »Ehre, Ehre dem Lamm.« Das Singen breitete sich aus, weit hinaus ins Land, selbst über die Grenzen Ugandas. Unmittelbar nach Jananis Tod kam eine neue Verfolgungswelle, aber sie konnte der Kirche überhaupt nichts anhaben. Das Volk strömte nur so zu den Gottesdiensten. Menschen, die das Christsein zu leicht genommen hatten, sahen jetzt den ganzen Ernst der Nachfolge Jesu.

Menschen, die das Christsein zu leicht genommen hatten, sahen jetzt den ganzen Ernst der Nachfolge Jesu.

Der Bischof von Gulu war verschwunden, auch sein Auto hatte man geholt. Überall fragte man sich: »Wo ist Festo Kivengere?« Es

Meine Mutter Friederike Hänssler etwa 1912

Mein Vater Friedrich Hänssler 1917

Meine Eltern

Mein Vater
und ich auf einem
Betriebsausflug
des Hänssler-Verlags
in den 80er-Jahren

Chuck und Patty Colson

Von links: Ich, Ursula, Charles und Patty Colson, Winona und Fred Rhodes (Postminister der USA) in Neuhausen a. d. F. vor unserem Haus 1972

Sophie Kaiser und ich
bei uns zu Hause
in Plieningen 1938

Sophie Kaiser
und ich bei
einer Konferenz
im Schwarzwald
Ende der 50er-Jahre

Johanna
Dobschiner-Douglas

Zvi Kalisher

2000: Mit Bundespräsident Johannes Rau im Schloss Bellevue in Berlin

2001: Bundespräsident Johannes Rau zu Besuch im Hänssler-Verlag in Holzgerlingen

In den 60er-Jahren
in den Schweizer Bergen
bei einer Freizeit

Der 80. Geburtstag meiner Frau Ursula

breitete sich das Gerücht aus, dass Idi Amins Leute Festo schon abgeholt hätten. Seine bevorstehende Verhaftung schien allgemein bekannt. Vieles deutete auf höchste Gefahr hin. Seine Freunde bedrängten ihn und seine Frau heftig, das Land unverzüglich zu verlassen, ihn, der sein Land, seine Brüder, seine Arbeit und sein Zuhause so sehr liebte und lieber dort gestorben wäre. Gott sprach zu ihnen durch zwei Brüder. Einer erinnerte Festo und seine Frau Mera an Paulus, wie er Damaskus verließ, jenen Ort, an welchem er zum ersten Mal Christus bezeugte, wo er geliebt wurde, aber weil sein Leben in Gefahr war, fliehen musste (Apostelgeschichte 9,24 f.).

Ein anderer Bruder sprach zu ihnen von Petrus, der, nachdem ihn der Engel aus dem Herodes-Gefängnis geführt hatte, mit den Gläubigen Gott pries, und gleich danach – so steht es geschrieben – »ging er hinaus und zog an einen andern Ort« (Apostelgeschichte 12,17). Im gemeinsamen Gebet mit Freunden wurde ihnen allen klar, dass Festo und Mera losfahren sollten, zunächst ins 400 Kilometer entfernte Kabale. Unterwegs wurden sie an vielen Straßenkreuzungen durch Amins »Sicherheitskräfte« überwacht und doch blieben sie behütet. In Kabale, zu Hause, herrschte eine gespannte Atmosphäre, überall hörten sie Warnungen und Gerüchte. Drei- oder viermal waren an diesem Tag Soldaten an ihrem Haus gewesen, um herauszufinden, ob die beiden da waren oder nicht. Die Gläubigen am Ort kamen, beteten und warnten sie dringend und bestanden darauf, dass sie so schnell wie möglich fliehen sollten.

Diesem so wichtigen und guten Rat folgten sie im schützenden Dunkel der Nacht. Festo berichtet:

»Gottes Engel sorgten im richtigen Augenblick für Fahrzeuge, auch für die nötige Kraft, um zu Fuß weiterklettern zu können, und sandten unbekannte Freunde, die unsere wenigen Habseligkeiten trugen. Gott war bei uns, als wir uns im Gebirge verirrten, und er war bei uns auf einem Gebirgspfad, auf welchem wir beinahe abstürzten. Gott tröstete uns, sorgte für uns auf dem Wege, wo wir auf wunderbare Menschen trafen, die uns weiterhalfen, den Weg zeigten, die uns ermutigten, wenn wir beide niedergeschlagen waren, und dabei ihr eigenes Leben aufs Spiel setzten.«

Jeder Schritt wurde zum Wunder, als sie den letzten Berg vor der Grenze überstiegen. Sie waren total erschöpft, nahmen immer nur ein kurzes Stück auf sich und hielten dann wieder an, um auszuruhen und um zu beten. Jesus ließ sie nicht im Stich. Der gute Hirte war allezeit bei und mit ihnen und brachte sie sicher ans Ziel. Im Morgengrauen erreichten sie den Gipfel, und bei Sonnenaufgang waren sie über der Grenze. Dort angekommen, setzten sie sich auf einen Stein und dankten Gott. Festo berichtete: »Niemals zuvor hatten wir uns dem Himmel so nahe gefühlt.« Auch im fremden Land sorgte Gott für sie, er hatte immer genau die Menschen, die sie brauchten, an der richtigen Stelle postiert. Die Wege Gottes waren wirklich »wunderbar«.

Auch im fremden Land sorgte Gott für sie, er hatte immer genau die Menschen, die sie brauchten, an der richtigen Stelle postiert.

Im März 1977 waren Festo und Mera dann in England und nahmen an der Gedenkfeier für Erzbischof Janani Luwum in der

Londoner Westminsterabtei teil. Die Massaker in Uganda gingen weiter, Brutalität, Raub, Mord waren an der Tagesordnung. Nur wenige Christen konnten fliehen. Viele der Verfolgten, die im Lande zurückblieben, hatten Erbarmen mit ihren Verfolgern, die auf einen solchen Irrweg geraten waren und blindlings Menschen töteten. »Sie waren dem Himmel zugewandt und sahen schon etwas von seiner Herrlichkeit«, sagte Festo.

Viele der Verfolgten, die im Lande zurückblieben, hatten Erbarmen mit ihren Verfolgern, die auf einen solchen Irrweg geraten waren und blindlings Menschen töteten.

Ich traf Festo Kivengere wieder in Stuttgart, als er im großen Fußballstadion beim »Gemeindetag unter dem Wort« vor vielen Tausenden mit großer Freude Gottes Botschaft verkündigte. Er besuchte meine Frau und mich in unserem Haus, berichtete lebhaft von dem Geschehen und der Erweckungsbewegung in Uganda. Dabei strahlte er eine unwahrscheinliche Freude und Liebe aus.

In Zusammenarbeit mit Wolfgang Heiner, der einen engen Bezug zu den ugandischen Bischöfen unterhielt, veröffentlichten wir mehrere Bücher von Festo in deutscher Sprache, die ihren Weg in die deutschsprachigen Gemeinden fanden. Heiner hatte die Bischöfe deshalb mehrfach nach Deutschland eingeladen und dadurch den Geist der Erweckung in Uganda nun auch nach Deutschland getragen. Ebenso auch sein Missionstrupp »Frohe Botschaft« in Großalmerode, der ja stark in diese Bewegung eingebunden war und das auch nach dem Heimgang von Festo Kivengere und Wolfgang Heiner bis heute immer noch ist. Es war mir auch ein Vorrecht, die Lebensgeschichte von Janani Luwum zu publizieren.

Einige Jahre später traf ich bei Friedensgesprächen zwischen dem Diktator Präsident Mobuto vom Kongo und dem neuen ugandischen Präsidenten Yoweri Museveni Festo Kivengeres Tochter Hope, die für den ugandischen Präsidenten übersetzte.

Einen eindrucksvollen und bewegenden Vergleich, welcher mir nach unseren Begegnungen besonders in Erinnerung geblieben ist, zog Festo einmal mit folgenden Worten: »Die Gemeinde Jesu ist wie unsere afrikanischen Steppen, auf denen ich als Junge das Vieh hütete. Gewaltige Feuerbrände toben darüber hin und dann sieht das Land schwarz und tot aus. Aber sofort nach dem ersten Regen sprießt das Grün üppiger denn je hervor. Kein Feuer, das über die Gemeinde Jesu hinweggeht, kann das vernichten, was der Glaube siegreicher Christen gesät hat.«

Kein Feuer, das über die Gemeinde Jesu hinweggeht, kann das vernichten, was der Glaube siegreicher Christen gesät hat.«

Sofie Kaiser

Tante Sofie, wie ich sie nannte, wurde 1895 geboren und wuchs in sehr schlichten Verhältnissen auf. Ihr Vater, ein schwer magenkranker einfacher Schneider, arbeitete in der Wohnstube des wirklich kleinen, alten Hauses, dessen Vorderseite durch eine Luftminen-Explosion während des Krieges total verschoben wurde und auch nur behelfsmäßig repariert werden konnte. Sofies Mutter, eine liebe, gläubige Frau, hatte – wie man damals sagte – immer wieder mit Schwermutsphasen zu kämpfen. Als Sofie 18 Jahre alt war, fand sie anlässlich einer Evangelisation im Dorf zu einem persönlichen Glauben an Jesus Christus. Das brachte eine große Veränderung in ihr junges Leben. Sie engagierte sich in einem neu entstandenen Gitarrenchor, um die Botschaft von Jesus Christus zu singen und zu spielen. Und weil sie dafür keine Noten besaß, schrieb Tante Sofie von Hand sämtliche Texte der Lieder samt den dazugehörenden Gitarrengriffen in ein dickes Buch mit leeren Seiten. Zwei Jahre später begann in der Versammlung ein gemischter Chor, dessen Chorleiter mein Vater war. Sofie sang da jahrzehntelang mit. Die vielen regionalen evangelistischen Einsätze waren ihr nie zu viel. Zu jener Zeit arbeitete sie in einer benachbarten Wäschefabrik.

Der attraktiven Frau mangelte es keineswegs an Bewerbern, doch sie lehnte diese alle ab, um ihr Leben Gott kompromisslos zur Verfügung zu stellen und damit ihrer von Gott gegebenen Berufung – wie sie Tausende von Missionaren und Verkündigern des Evangeliums erhielten – folgen zu können. Anstoß dazu war ihre Teilnahme an einer Aussendungsfeier von Liebenzeller Missionarinnen. Ihre Berufung führte sie jedoch nicht hinaus in die weltweite Missionsarbeit, sondern als direkte Hilfe in die Hänssler-Familie hinein, räumlich nur etwa 100 m von ihrem Elternhaus entfernt. Ich habe heute noch vor Augen, wie sie jeden Morgen über einen Fußweg entlang an Wiesen zu unserem Haus ging.

Irgendwie praktizierte sie Psalm 100: »Dienet dem Herrn mit Freuden«, obwohl sie in dem sehr lebendigen Geschäftshaushalt mit Ladengeschäft immer stark gefordert war und vieles, auch an recht unangenehmen Attacken während der Nazizeit, mittragen musste, und vor allem dann Schwierigkeiten miterlebte, als der Verlag verboten wurde. Tante Sofie gehörte vollends zur Familie dazu, sonst hätte wohl der »Laden« nicht weiter funktionieren können, zumal meine Mutter immer wieder Krankheitszeiten zu überstehen hatte. Wirklich zu jedem Dienst bereit, war sie für uns ein Geschenk, ein wunderbarer Gedanke Gottes. Sie lebte konsequent das, was sie glaubte und sagte. Ihrer zweifelsohne eindeutigen Berufung in die Hänssler-Familie blieb sie 56 Jahre lang treu, so lange, bis es ihr gesundheitlich nicht mehr möglich war. Welch eine Hingabe!

Sie lebte konsequent das, was sie glaubte und sagte.

Wen wundert es da noch, dass meine Eltern sie gebeten hatten – obwohl keinerlei verwandtschaftliche Beziehungen vorlagen –, meine Patin zu werden. Sie war mir ein großes Vorbild ohne irgendwelche Abstriche.

Meine Mutter und sie arbeiteten jahrelang wie unzertrennliche Schwestern zusammen, bis zu jenem Tag, als meine Mutter plötzlich starb und durch den Tod unwiderruflich von uns und von ihr weggerissen wurde. Da entwickelte sich bei Sofie eine schwere psychische Erkrankung mit mehrfachen Aufenthalten in psychiatrischen Kliniken. Das war eine schwere Führung für diese so frohe Natur und für uns als Familie eine ganz neue, ungewohnte Aufgabenstellung in der Begegnung mit der Krankheit mit manchmal recht heiklen Situationen. Einmal wollte sich Sofie aus dem Fenster im zweiten Stock stürzen, ein anderes Mal hatte sie eins unserer Kinder, damals noch ein Baby, im Arm und sagte, als sie auf dem Balkon stand: »Jetzt muss ich dich armes Würmchen da runterwerfen.«

Das war eine schwere Führung für diese so frohe Natur und für uns als Familie eine ganz neue, ungewohnte Aufgabenstellung in der Begegnung mit der Krankheit.

Das Ausmaß ihrer Erkrankung wurde in ganz unterschiedlichen Szenen deutlich. Es gab durchaus auch immer mal wieder ganz »helle« Phasen, in denen sie sich um unsere Kinder, besonders um unser sechstes Kind, unseren Jürgen mit Downsyndrom, sehr gekümmert hat. Mit ihm lernte sie viele Lieder, die er heute noch nach Jahrzehnten mit großer Freude singt. Ich denke da besonders an das Lied: »*Wenn der Heiland, wenn der Heiland als König erscheint*«.

Auch lustige Situationen flossen in unseren Alltag hinein. Als ich Sofie eines Tages wieder in die Psychiatrie einliefern musste, brachte ich sie mit dem Auto in die Klinik. Bei der Patientenaufnahme begrüßte uns die Fachärztin mit den Worten: »Nun, liebes Mütterlein, was fehlt denn Ihrem Sohn?« Ich stand daneben und kam, wie Sie verstehen werden, durchaus ins Nachdenken.

Für uns als Familie war diese Krankheitssituation ein wichtiger Grund für anhaltendes, nicht nachlassendes Gebet mit und für Sofie; der Zuspruch aus dem Wort Gottes bei Tag und Nacht half uns durch alle Täler hindurch, er gab uns Kraft, Halt und Hoffnung.

Meine Frau war in vielen Nächten durch die andauernde Unruhe der Kranken stark gefordert. Immer wieder plagten Sofie auch Gedanken über eine ewige Verlorenheit. Absolut nicht hilfreich, ja, geradezu kontraproduktiv waren dazu allerlei falsche, unbarmherzige, wirklich dumme Aussagen ihr gegenüber von so manchen frommen Leuten im Dorf: »Sofie, wenn du richtig glauben würdest, wärest du nicht krank.« Ungläubige Angehörige aus ihrer eigenen Familie bezichtigten sie sogar der Faulheit. Welche furchtbaren Fehleinschätzungen!

Zu den in Schüben auftretenden Depressionen kam 1981 noch eine schwere, sehr schmerzhafte Mittelohrvereiterung und eine damit verbundene schwierige Operation. Als die Depressionen wie durch ein Wunder verschwanden, war es, als ob ein Licht angezündet worden wäre. Sofie rief uns bald darauf an ihr Bett und bedankte sich für unser Beten und dafür, dass wir »in ihrem finsteren Tal immer für sie geglaubt und nie aufgegeben hätten«, es war ein bewegender Augenblick. An den Folgen der großen Kopfoperation ist sie dann verstorben.

Die Begegnung mit meiner Patin, einer treuen und hingabefreudigen Beterin, war für mich sehr prägend. Sie war eine einfache Frau, aber in meinem langen Leben habe ich nur ganz wenige Menschen kennengelernt, deren Leben und Lebensstil in der Nachfolge Jesu Christi so glaubhaft und überzeugend war wie bei meiner Tante Sofie.

Otto Riecker

Jede Zeit hat ihre Lieder. In Zeiten besonderer Wirkungen der Guten Nachricht von Jesus Christus entstehen so manche neuen Lieder und manchmal erstrahlt ein ganz neuer Liederfrühling.

Das Singen und Musizieren im biblischen Gottesdienst ist ein Teil des Gotteslobes der ganzen Schöpfung. Auch im himmlischen Gottesdienst, den kein Auge gesehen und kein Ohr gehört hat, wird jubiliert. Wenn ich das alles richtig verstehe, dann hat dieses Singen nur ein einziges Thema: »Du bist würdig, zu nehmen Preis und Ruhm.« Insoweit ist das sogenannte »neue Lied« eben nicht neu in der musikalischen Ausdrucksweise, sondern vielmehr deshalb, weil es von »neuen Menschen« in einem »neuen Geist« mit einer »neuen Ausrichtung« gesungen wird. Der Inhalt und der Empfänger des »neuen Liedes« ist allein Christus.

Am Anfang der 50er-Jahre des Zwanzigsten Jahrhunderts gab es in einigen Gegenden Deutschlands erweckliche Aufbrüche. Junge Menschen stellten die Frage nach Gott. Es entstanden neue geistliche Lieder, manchmal ganz anonym. Die Jugendtreffen dieser Zeit profitierten von dieser neuen Welle erwecklichen Singens. Noten gab es dazu aber noch nicht. Es wurden einzelne vervielfältigte Liedblätter verwendet, später kleine Liedhefte gedruckt, mit wenigen Titeln, in kleineren Auflagen für bestimmte Jugendtreffen. Die Teilnehmerzahlen stiegen an, der Bedarf an Liedern auch, so war es nicht verwunderlich, dass wir intensiv um ein Jugendliederbuch beteten. Das Geld zum Druck hatten wir weder in unserem damaligen kleinen Verlag noch in unserer Jugendarbeitskasse, nur der Bedarf war da.

Gebet braucht manchmal schon Wartezeiten und die dauerten mir zu jener Zeit viel zu lang. Eines Tages rief dann ein Dr. Otto Riecker aus Adelshofen im Verlag an. Dort gab es gerade einen Aufbruch unter jungen Leuten, infolgedessen waren neue Lieder entstanden und aufgetaucht. Am Telefon sagte mir Dr. Riecker, dass sie diese Lieder gerne weiterverbreiten wollten. Sogleich konnte ich ihm antworten, dass auch ich eine gute Anzahl neuer, vor allem aber bewährter Lieder besäße, die wir gerne veröffentlichen wollten. Darunter waren eine ganze Reihe neu entstandener Lieder aus der erwecklichen Jugendarbeit in der DDR. Wir verabredeten uns zu einem Gespräch in Heidelberg, um etwaige Möglichkeiten des Zusammenwirkens herauszufinden. Es ging ja auch um eine vierstimmige Notenausgabe. Mein Vater schrieb damals viele musikalische Sätze und sollte deshalb unbedingt bei diesem Gespräch dabei sein. Wir konnten nicht ahnen, dass dieses Zusammentreffen im Krankenhaus stattfinden würde.

Gebet braucht manchmal schon Wartezeiten und die dauerten mir zu jener Zeit viel zu lang.

Als ich dort Dr. Riecker sah, war mein erster Gedanke: »Der lebt auch nicht mehr lange«, so schwer krank erschien er mir. Doch ich irrte mich gewaltig, denn Dr. Riecker wurde über 90 Jahre alt, und ich musste neu lernen, dass man nicht an einer Krankheit, sondern nach dem Plan Gottes und seinem Willen stirbt. Diese Begegnung und die Zusammenarbeit mit diesem Mann hatten ihre Folgen und große Auswirkungen. Zunächst wurde ein kleines Textheft mit dem für die damalige Bewegung bezeichnenden Titel *Jesu Sieg ist unumstößlich* hergestellt. Das erste Notenbuch dazu mit dem Titel *Jesu Name nie verklinget* erschien zunächst als graue Ausgabe, bald darauf aber in dem für das Buch so typischen blauen Plastikeinband. Das Titellied war von einem norwegischen Heilsarmeekapitän nach Psalm 72,17 gedichtet und dann mit einer Zulu-Melodie versehen worden. Der sehr bekannte Pastor Wilhelm Busch hatte dieses Lied aus Norwegen nach Deutschland gebracht.

Zehntausende Exemplare konnten auf oft abenteuerlichen, verschlungenen Wegen hinter den Eisernen Vorhang transportiert werden.

Es war einmalig mitzuerleben, wie sich dieses Liederbuch in den verschiedensten Kreisen verbreitete, wie es, obwohl in deutscher Sprache verfasst, doch in viele Länder der Erde gelangte. Zehntausende Exemplare konnten auf oft abenteuerlichen, verschlungenen Wegen hinter den Eisernen Vorhang transportiert werden. Es war einfach Gottes Zeit und die ist bekanntlich immer die beste Zeit. Hunderttausende von Liederbüchern wurden eifrig benutzt, viele bis zum heutigen Tage. Die »Vision« von Otto Riecker, der immer an eine zeitgemäße Nachfolgepublikation der früher weitverbreiteten »Reichslieder« dachte, hatte sich erfüllt.

Keiner erwartete, dass nach dem ersten Band im Laufe der Jahre noch fünf weitere Bände erscheinen sollten, die das Singen stark beeinflussten. Für unsere Jugendarbeit, für viele missionarische Gruppierungen und Bewegungen war das ein großer Segen.

Bei keiner anderen Verlagsausgabe ist es mir von Gott so deutlich gezeigt worden, dass es sein Wirken ist, seine Zeitplanung und sein Geschenk. Auch mit der allerbesten Verlagswerbung wäre eine so weitreichende Verbreitung nicht möglich gewesen. Es war Gottes Wirken und der Anfang einer großen Segensgeschichte. Das blaue Liederbuch prägte die junge Generation nach dem Zweiten Weltkrieg sehr.

Bei keiner anderen Verlagsausgabe ist es mir von Gott so deutlich gezeigt worden, dass es sein Wirken ist, seine Zeitplanung und sein Geschenk.

Natürlich gab es auch Widerstände gegen diese erwecklichen Lieder, die ja nur als Ergänzung zu den alten, gut bewährten Chorälen und Glaubensliedern gedacht waren. Manche sahen in diesem Buch den Untergang der Musikkultur. Ich, der ich die Musik eines Johann Sebastian Bach überaus liebe und mit ihr vertraut bin, konnte im Lehrbeispiel erfahren, dass Gott die Lieder, auch den Typus von Liedern, die er segnen möchte, immer selbst heraussucht. Es war durchaus ein Lernprozess für mich. Oft werden wir in der Bibel zum Singen aufgefordert und David sagt uns: »Ich will singen und lobsagen dem Herrn« (Psalm 27,6). Paulus zitiert die Psalmen mit den Worten: »Darum will ich dich loben unter den Heiden und deinem Namen singen« (Römer 15,9).

Das Liederbuch *Jesu Name nie verklinget* war aber nicht die einzige »Bewegung«, die durch den 1955 geschenkten geistlichen Aufbruch im Dorf Adelshofen angestoßen wurde. Das Pfarrhaus dort, mit Pfarrer Dr. Otto Riecker, war das geistliche Zentrum. Er rechnete im kindlichen Vertrauen mit der Souveränität Gottes: »So er spricht, so steht's da.« Riecker hat das einmal so erzählt:

> »Auf einer kleinen Fahne, die ich von einem anderen Werk mit nach Hause gebracht hatte, standen die Sätze: ›[Abraham] glaubte auf Hoffnung, da nichts zu hoffen war. Gott ruft dem, was nicht ist, dass es sei‹ (nach Römer 4,17-18). Oft verweilte ich sinnend vor dieser Fahne. Sie war im Wohnzimmer des alten Pfarrhauses in Adelshofen neben dem Ofen an die Wand genagelt. Tatsächlich war nichts da und wirklich war alles zu erhoffen. Wohl hatte Gott etwas an der Gemeinde getan, aber irgendwie reichte dieses Wort noch weiter hinaus.«

Dieses »Weiter-Hinausreichen« begann mit den ersten Freizeiten, 1958 dann mit der Gründung der Bibelschule und 1962 mit der Stiftung der Kommunität. Schwierigkeiten, Anfechtungen über Baufragen, die tägliche Versorgung der wachsenden Hausgemeinschaft, theologische und finanzielle Fragen blieben der jungen Bewegung nicht erspart. Aber viele Zusagen der Bibel waren konkrete Antworten und auch Wegweisungen auf ihrem ganz praktischen »Glaubensweg«. 1973 begann die Lebensschule, 1974 entstand der Ismaeldienst und 1975 konnte nach fünfjähriger Bauzeit mit vielen Schwierigkeiten bis dahin und sehr viel schweißtreibender Eigenarbeit die »Gottesruf-Halle« eingeweiht werden.

Aber viele Zusagen der Bibel waren konkrete Antworten und auch Wegweisungen auf ihrem ganz praktischen »Glaubensweg«.

Das gesegnete Werk war in den Jahrzehnten gewachsen und ist für viele – wie ich persönlich immer wieder erleben konnte – zum Wegweiser hin zu Christus, zum Wegbegleiter, zum missionarischen Impulsgeber in der Nachfolge Jesu, zur wirklichen Lebensschule geworden, bis heute.

Die Begegnung mit Otto Riecker war eine für mein Leben bedeutsame. Gerne möchte ich diese Aussage begründen. Es fing mit einem Gebet an. Als Pfarrer Dr. theol. Otto Riecker 1950 nach Adelshofen kam, kniete er mit seiner Frau im Wohnzimmer des alten Pfarrhauses nieder und betete: »Herr, dies ist voraussichtlich unsere letzte Pfarrstelle. Schenke uns doch hier eine Erweckung.« Durch missionarische und literarische Arbeiten, seine Dissertation über »Das evangelistische Wort«, hatte er den Wert erwecklichen Lebens kennengelernt, und er hoffte sehr, dass sich dies in Deutschland und auch in seiner Gemeinde erneut einstellen würde. In wunderbarer Weise erhörte Gott das Gebet. Im Februar 1955 hielt Pfarrer Heinrich Kemner aus Krelingen eine 8-tägige Evangelisation und konnte ernten, was durch den früheren Ruf zur Entscheidung gesät worden war. Gottes Stunde war gekommen. Junge und Alte kamen, knieten nieder, bekannten ihre Sünden und nahmen im Glauben die Vergebung an. Eine ganze Reihe dieser Leute konnte ich persönlich kennenlernen, es waren Menschen, die fröhlich bezeugten, was Gott an ihnen getan hatte. Sie taten dies in Kirchen, Gemeinderäumen, in Gasthäusern und auf der Straße.

Es fing mit einem Gebet an.

Später einmal erzählte Otto Riecker: »Das Ganze kam uns vor wie ein großes Wunder. Oft glaubten wir zu träumen. Wenn es nicht eine so augenfällige Wirklichkeit gewesen wäre, hätten wir es nie für möglich gehalten. Unser Kleinglaube wurde tief beschämt. Was hatte Gott getan! Er griff vom Himmel aus ein und schenkte uns ein Wunder nach dem anderen, sodass wir aus dem Staunen gar nicht mehr herauskamen.«

»Das Ganze kam uns vor wie ein großes Wunder. Oft glaubten wir zu träumen.«

Diese Bewegung konnte nicht auf das Dorf beschränkt bleiben. Die Ereignisse in der Gemeinde waren von zukunftsweisender Bedeutung. Die neu begonnene Bibelschule im kleinen Dorf, überhaupt der neue Weg insgesamt, von vielen nicht verstanden, von manchen als Vermessenheit empfunden, hatte bald, auch durch viele missionarische Einsätze, eine gute Ausstrahlung in die ganze Region hinein. Wenngleich jener Weg des »sicherungslosen« Glaubens auch Fromme empörte. Die damaligen Leitsätze der wachsenden Schülerschar, aus dem Studium des Evangeliums entnommen, waren angriffig, nicht dem landläufigen, unverbindlichen »christlichen« Lebensstil verpflichtet, sondern unbürgerlich – hingabefähig – einsatzbereit – kampfbereit – für Jesus brennend – ihm Menschen zuführend – allezeit unter dem Kreuz stehend – aus reiner Gnade lebend.

»Wir lebten wie die Spatzen aus der Hand Gottes.«

Es brauchte Gehorsam und Hingabe für die Schüler, in eine »ungesicherte« Zukunft zu gehen. Einer schrieb: »Wir lebten wie die Spatzen aus der Hand Gottes.«

Sie besaßen erschreckend wenig, schon der erste Bibelschüler konnte kein Schulgeld bezahlen. Nur Pfarrer Otto Riecker bezog

Gehalt, die Leute aus dem Dorf legten in die vom Hof her zugängliche Waschküche des alten Pfarrhauses immer wieder Butter, ein Huhn oder ein Stück Fleisch. Das wurde mit Jubel eingebracht und dann erschallte, von den Schülern spontan angestimmt, der Chorus: »Vater, wir danken dir«, immer und immer wieder hörte man das. Es ging unter die Haut. Auch für mich als zufälliger Zuhörer war das sehr bewegend. In einem Bericht einer Schülerin las ich:

> »Immer kam so viel, dass es weiterging. Wir mussten eben beten. Dort lernten wir es. Wir beteten mit der Kindlichkeit, die vom Vater etwas erwartet. Trotz der äußeren Kümmerlichkeit unserer Bibelschule führte Jesus immer wieder Menschen in unsere Gemeinschaft hinein, die um eine klare Berufung an unsere Schule wussten. Das bedeutete aber auch, dass der Raum im Pfarrhaus immer enger wurde. Das geräumige Wohnzimmer war Ess- und Unterrichtsraum zugleich. Dort wurde studiert und gebetet und wenn nötig auch die Wäsche getrocknet.«

»Immer kam so viel, dass es weiterging. Wir mussten eben beten. Dort lernten wir es.«

Otto Rieckers Frau verstarb 1956 an einem schweren Krebsleiden. Da er die Raumnot der jungen Schule sah, räumte er für zwei Bibelschüler sein Schlafzimmer und stellte ein Klappbett in sein Pfarrbüro, um dort fortan zu leben. Es wurde nun intensiv um ein eigenes Gebäude für die Bibelschule gebetet, ein schmaler Streifen Land wurde ihnen geschenkt. Nach langen Bemühungen war Gelände vorhanden, um ein erstes Gebäude zu erstellen. Dann gab es vielerlei Schwierigkeiten und Jahre des Wartens. Alles fing zunächst mit einer Baracke an. Über diese »Wartejahre« könnte man ein ganzes Buch füllen mit Erlebnissen von Wundern, Führungen, Glaubensprüfungen, aber auch mit Erfahrungen in der Fürsorge des großen Gottes. Otto Riecker zog nach seiner Pensionierung in die Baracke um. Das alte Pfarrhaus wurde als Verkehrshindernis zum Abbruch freigegeben.

1961 hatten die ersten Bibelschüler ihre Ausbildung abgeschlossen. Da erhob sich die Frage, inwieweit ihre Mitarbeit in Zukunft geschehen könnte. An Gehalt und Altersversorgung zu denken, schien angesichts der chronisch leeren Kasse unmöglich. Es war gewiss ein historischer Augenblick, als jeder sein »persönliches« Geld auf den Tisch ausschüttete und seitdem eine gemeinsame Kasse geführt wurde.

Schon während der Ausbildung beschäftigten sie sich mit den Fragen des gemeinsamen Lebens; jetzt erwachte jene Liebe, welche für das bruderschaftliche Miteinander eine entscheidende und unverzichtbare Grundlage für die Kommunität war. Gott wirkte für uns alle erkennbar in die Situation hinein, es war ein Heraustreten aus der persönlichen Neutralität, eine Auslieferung des ganzen Lebens an Gott, das von allen, Schülern und Mitarbeitern, als tiefe Freude und inneres Beschenkt sein empfunden wurde.

Das Fundament für das erste »feste« Gebäude, das spätere stattliche Haus »Dankbarkeit«, konnte 1963 gelegt werden, die Einweihung erfolgte ein Jahr später. Das Haus bot vielen Menschen

Platz und Möglichkeiten für die Freizeit- und Bibelschularbeit. Durch die ständig wachsende Arbeit und eine dadurch entstandene bedrückende Enge war aber bald eine Erweiterung notwendig geworden. Gott gab klare Weisung, Hilfe und Führung. So konnte das Haus »Glaubensfreude« 1969 fertiggestellt werden. Dann begann die 5-jährige Bauzeit an der großen »Gottesruf-Halle«, welche 1975 als ein »Bethaus für alle Völker« eingeweiht wurde und ein zentraler Treffpunkt war für die weltweite Gemeinde Jesu mit Ausstrahlung in die Gemeinden und in die weite Welt. Man baute, erneuerte, erweiterte bis heute nach Bedarf weiter in diesem dynamisch gebliebenen Werk Gottes, welches er uns zum Geschenk machte.

Was mich durch manche persönlichen Gespräche und Begegnungen mit dem Gründervater dieses Werkes, oft auch durch Kontakte aus der Ferne, besonders berührte, prägte, ja inspirierte, ist vielseitig und nachhaltig. Ich möchte davon einfach und knapp, vor allem aber dankbar berichten, teilweise sogar zitieren. Das erweckliche Leben ist eine kostbare Gabe. Mission ist Lebenselement, Grundgesinnung des Lebens, von Jesus her brennend ins Herz gelegt. Das Wort Gottes ist voller Verheißungen, das erkennt man, gerade wenn man missioniert. Nachfolge heißt: Leben aus Glauben, Leben aus Führung, Leben in Offenheit, Leben in Einfachheit, Leben in bleibender Freude.

Mission ist Lebenselement, Grundgesinnung des Lebens, von Jesus her brennend ins Herz gelegt.

Was mich für mein damals noch junges Dasein – ich war gerade frisch verheiratet, als ich Otto Riecker erstmalig begegnete –

eindrücklich begleitete, war das Erleben dieses fröhlichen, klar und deutlich sich äußernden, Gott wirklich kindlich vertrauenden, intelligenten Theologen mit dem Blick bis »an die Enden der Erde«. Seine im Lauf der Jahre bei uns veröffentlichten Bücher zeugten von einem tiefen Fundament, gegründet im lebendigen Wort Gottes und reflektiert von einem hellwachen Geist. Ich betrachte es als besonderes Vorrecht, diesem »Bevollmächtigten des Christus« begegnet zu sein, und kann nur staunen, welcher Segensstrom bis heute von diesem Werk Adelshofen in unsere Gemeinden fließt.

Zvi Kalisher

Zvi war 10 Jahre alt – geboren 1928 in Polen –, als seine Eltern und seine Schwester in einen Eisenbahnwagen gezerrt wurden. Das Reiseziel ohne Rückkehr waren die Verbrennungsöfen des Vernichtungslagers Treblinka. Kurz vorher konnte ihn seine Mutter zwar noch in einem Waisenhaus unterbringen, musste Zvi aber dann mit den Worten: »Nun musst du von jetzt an ein Mann sein, aber vergiss nicht, sage diesen Leuten nie, dass du Jude bist. Sei stark, ich will jede Woche kommen, um dich zu besuchen«, alleine zurücklassen.

»Nun musst du von jetzt an ein Mann sein, aber vergiss nicht, sage diesen Leuten nie, dass du Jude bist.«

Natürlich hat er sie nie wiedergesehen, er wusste auch als Kind instinktiv, dass es ein Abschied für immer war. Sein ganzes Leben lang konnte er sich eine tiefe Liebe zu seiner Mutter bewahren. Außerhalb von Warschau versteckte er sich auf einem Bauernhof, dort begann für Zvi eine gefährliche und schwierige Hungerzeit der Flucht. In Warschau hatten die Nazis etwa 400 000 Juden auf engstem Raum in einem Getto, von Stacheldraht umgeben, zusammengepfercht. 30 % der Warschauer Bevölkerung waren auf 2,4 % der Fläche von Warschau eingeschlossen. Im Getto selbst verhungerten viele Kinder. Zwischen 1940 und Mitte 1942 starben an Hunger und Krankheiten dort etwa 83 000 Juden.

Unter größtem Risiko kletterten jugendliche Schmuggler – zu ihnen gehörte auch Zvi – durch stinkende Abwasserkanäle ins Getto, um von den Feldern außerhalb der Stadt Nahrung für die Verhungernden zu bringen. Zvi selbst sagte: »Wir wanden uns durch diese unterirdischen Kanäle ins Getto, ich weiß selbst nicht, warum. Ich hatte nie die Befürchtung, dass ich von den Deutschen gefangen oder erschossen würde. Ich wollte einfach helfen, ja, aber in Wirklichkeit wollte ich meine Familie finden, um irgendwie zu versuchen, sie aus dem Getto herauszuholen.« Irgendwann aber war Zvi erschöpft von seiner vergeblichen Suche und gab alle Hoffnung auf. Der junge Zvi musste die bittere Realität erkennen, dass er gänzlich allein war. Für ihn gab es nur zwei Optionen: durchhalten oder sterben.

Für ihn gab es nur zwei Optionen: durchhalten oder sterben.

Die Geschichte der weiteren Flucht des Heimatlosen, sein Gehen auf verborgenen, schmalen Pfaden, Schlafen in Heuschobern, Suchen nach Essbarem, Ausweichen vor den Kugeln der Nazis, überhaupt sein Überleben, der unwahrscheinliche Weg nach Israel, ist dramatisch.

Nach allem schrecklichen Erleben hätte man einen verbitterten Überlebenden erwarten können, einen eher zynischen Menschen. Aber das konnte ich in den mancherlei Begegnungen mit Zvi nie entdecken. Wenn man sein Lebenszeugnis mehrfach gehört hat, musste man unwillkürlich den Eindruck haben: Niemand konnte den Holocaust in Warschau überleben, als Junge nach Israel immigrieren, in allen israelischen Kriegen an vorderster Front kämpfen, schlussendlich als Landminenentschärfer eingesetzt werden und dabei – den Tod stets vor Augen – doch am Leben bleiben, es sei denn, Gott beschützte ein solches Menschenleben in übernatürlicher Weise und hatte für dieses einen ganz besonderen Plan. Obwohl seine Bildung durch die Kriegsverhältnisse in Polen, die Besatzungszeit, sein Leben im Untergrund limitiert war, besaß er eine extrem hohe Intelligenz. Zvi konnte neun Sprachen ohne formales Studium sprechen und durch seine Begabung problemlos mitten in der Unterhaltung die Sprache wechseln. Zudem verfügte er über ein enormes Allgemeinwissen.

Niemand konnte den Holocaust in Warschau überleben.

Als Zvi sich innerlich mit der Frage auseinandersetzte, warum er überleben konnte und so viele andere umgekommen sind, fand er ein neues Leben, das so viele Menschen aus allen Ecken dieser Welt berührte und viele auch veränderte. Seine Gedanken ließen sich mit den Worten aus Psalm 27,10 zusammenfassen: »Mein Vater und meine Mutter verlassen mich; aber der Herr nimmt mich auf.« Als er diesen Herrn persönlich kennenlernte durch den Glauben an den Messias Jesus Christus, veränderte sich sein Leben. Sein unermüdliches Zeugnis für seinen Herrn war auch der ausschlaggebende Teil in seinen Büchern, die wir in deutscher Sprache veröffentlichten. Das ist für mich ein Vermächtnis von unschätzbarem Wert. Zvi hatte vier ganz besondere Kennzeichen:

- Evangelisation. Zvi hatte immer ein brennendes Verlangen, Christus ohne Furcht und ohne Kompromisse zu bezeugen.

- Patriotismus. Zvi liebte sein Land Israel, das ihn sozusagen adoptiert hatte, und verteidigte es in jeder Hinsicht bis zu seinem Ruhestand.
- Mitleid. Sein Leben war geprägt von ungeheuchelter Freundlichkeit. Er kümmerte sich um Menschen in Not, wer sie auch waren und wo sie auch wohnten.
- Mut. Da Zvi zunächst keine Angehörigen in Israel hatte, er Waise war, meldete er sich für die gefährlichsten Einsätze während seiner Militärdienstzeit, ganz besonders im israelischen Unabhängigkeitskrieg 1948.

Mutig und furchtlos war auch sein Zeugnis für Jesus Christus. Er scheute sich nicht, mit Menschen in hohen Positionen zu reden, sie mit der Botschaft des Christus zu konfrontieren, jedermann und jederzeit, ob Politiker oder hochrangiger religiöser Führer in Israel oder jemand im arabischen Gemeinwesen. Er wartete nicht darauf, bis Menschen geistliche Fragen angesprochen haben, stattdessen schuf er die Gelegenheit dazu und ergriff den augenblicklichen Moment, obwohl er keine Bibelschule besuchte, kein Theologiestudium absolvierte, um zu lernen, wie man vom Glauben redet. Seine einzige Grundlage war die Bibel, Gottes lebendiges Wort, das er fleißig auswendig lernte. Er erinnerte sich sofort und in richtiger Weise an Bibelworte aus dem Alten und Neuen Testament und konnte seine kleine blaue hebräische Bibel, so groß wie seine Handfläche, die

Er wartete nicht darauf, bis Menschen geistliche Fragen angesprochen haben, stattdessen schuf er die Gelegenheit dazu.

er, wie ich beobachtete, immer bei sich trug, auch gleich an der richtigen Stelle aufschlagen.

Zvi war so kühn, regelmäßig nach Mea Shearim, einer der ältesten Ansiedlungen in Jerusalem, zu gehen. Dort sind die Ultraorthodoxen, die Chassidim zu Hause. Sie leben strikt nach dem jüdischen Gesetz zu Gebet und Bibelstudium. In ihren religiösen Anschauungen sind sie sehr eifersüchtig und bekannt dafür, leicht handgreiflich zu werden, wenn Leute versuchen, über Jesus mit ihnen zu reden. Zvi sprach sehr taktvoll über den Messias Israels und ging auch oft in eine Yeshiva (jüdisches Seminar, dort studieren Männer ganztägig die Thora, das sind die fünf Bücher Mose, und den Talmud), um mit ihnen ein Gespräch über eine messianische Passage in der Thora zu eröffnen. Dabei war er nie in der liebevoll geführten Diskussion durcheinanderzubringen und er hat auch nicht die Kontrolle über sich verloren.

Der Volksmund sagt: Hinter einem großen Mann steht bestimmt eine große Frau. Zvis Frau Naomi stammte aus dem Iran. Von dort immigrierte sie 13-jährig nach Israel, das war im Jahr 1949. Zvi und Naomi erlebten die schwierigsten Zeiten der Geburt des Staates Israel. Sie praktizierten einen sehr einfachen Lebensstil, sorgten aber dafür, dass ihre vier Kinder, die Gott ihnen schenkte, einen besseren Start ins Leben hatten als sie selbst. Die Liebe der beiden zueinander, ihre gegenseitige Unterstützung füreinander war jedes Mal deutlich spürbar, wenn meine Frau und ich sie getroffen haben oder die beiden mich im Verlag besuchten. Ihre Liebe für ihre Kinder und ihre 16 Enkel war bedingungslos. Gott schenkte Zvi und Naomi 56 Jahre lang eine wunderbare Ehe, bis Zvi 2014 im Alter von 86 Jahren von dieser Welt abgerufen wurde.

Er war ein einzigartiger Diener Gottes. Obwohl er sein ganzes Leben in Ländern mit Konflikten und Kriegen verbrachte und auch erfahren musste, wie das israelische Volk durch die arabische Aggression ausgelöscht werden sollte. Wenn man die kühne und überzeugende Botschaft von Zvi miterlebte, die er 55 Jahre lang im Zusammenhang mit »Friends of Israel« weitersagte, konnte man schon daran erinnert werden, wie die Apostel des ersten Jahrhunderts den Messias Israels proklamierten.

Er war ein einzigartiger Diener Gottes.

Der unbekannte Botschafter

Während meiner Studienzeit verbrachte ich ein Auswärtssemester an der Theologischen Hochschule Bethel. Rückblickend sehe ich diesen Aufenthalt für mein Leben als sehr wichtig an. Die Lehrkräfte an der Hochschule waren damals wirklich außergewöhnlich. Das Leben in dieser von Friedrich von Bodelschwingh gegründeten »Stadt der Barmherzigkeit« mit Tausenden von Kranken hat seine eigene Prägung. Wenn Krankheiten die Anklagen des Todes gegen unser Leben sind, dann bedeutet die dort intensiv stattfindende Begegnung und Beschäftigung mit der Krankheit und dem Tod eine behutsame Öffnung von verschlossenen Toren, gleichsam ein ständiges Leben im Advent. Sehr eindrücklich wurde das unterstrichen durch das Wort: »Wenn der Herr die Gefangenen Zions erlösen wird, so werden wir sein wie die Träumenden. Da wird unser Mund voll Lachens und unsere Zunge voll Rühmens sein. Da wird man sagen unter den Heiden: Der Herr hat Großes an ihnen getan« (Psalm 126, 1-2). Der erste Satz war in großen Lettern auf dem Rundbogen in der Zionskirche in Bethel aufgeschrieben. Ich kann mich nicht erinnern, dass ich in vielen Monaten auch nur einen Gottesdienst erlebt habe, in dem nicht Gottesdienstbesucher wegen plötzlich auftretender epileptischer Anfälle weggetragen werden mussten. Das alles gehörte damals zum Leben, zum Gottesdienst dazu, auch das wunderbar geordnete und selbstverständliche Wegbringen der Kranken. Doch darüber stand dieses große Wort der Hoffnung: »Wenn der Herr die Gefangenen Zions erlösen wird …« Es hat sich mir tief eingeprägt, dass dieses Leben nicht nur ständig vom Tod bedroht und immer vom Sterben durchdrungen war, sondern auch leben wollte, denn Gott ist die Quelle des Lebens. Der Gründer von Bethel hat dies einmal so formuliert: »Christus steht nicht hinter uns als unsere Vergangenheit, sondern vor uns als unsere Hoffnung.« Dieser Hoffnungsgedanke war in Bethel lebendig. Wir Studenten wurden aufgefordert, in die verschiedenen Häuser zu gehen und die Kranken zu besuchen, sozusagen »praktische Theologie« einzuüben. Die vielen Gebäude, es war ja eigentlich ein ganzer Stadtteil, hatten alle biblische Namen. Wir sollten etwas vom Gottesdienst berichten, ein Gesangbuchlied lesen, ein Gebet sprechen und dann ins nächste Zimmer gehen. Es kam aber manchmal etwas anders als gedacht, denn manche der Kranken hatten eine größere Bibelkenntnis als wir Studenten. So wurde ich im ersten Zimmer, in »Dothan«, gleich mit der Frage empfangen, wo denn Dothan in der Bibel vorkomme. Glücklicherweise hatte mich ein Mitstudent eines älteren Semesters vorgewarnt. Deshalb konnte ich wenigstens meinen Mangel

Der Gründer von Bethel hat dies einmal so formuliert: »Christus steht nicht hinter uns als unsere Vergangenheit, sondern vor uns als unsere Hoffnung.«

an Bibelkenntnis noch verbergen und erklären, welche Bewandtnis es mit Dothan hatte.

Es war eine prägende Zeit, mein Aufenthalt in Bethel. Dort erlebte ich – ganz unvorbereitet – die wohl eindrücklichste Predigt meines Lebens aufgrund einer Begegnung mit einem unbekannten Prediger mit ganz ungewohnter, unerwarteter »Ansprache«.

Mitten in Bethel auf einem Platz, an dem sich Gehwege kreuzten, wo also relativ viele Bewohner, Besucher, Gesunde und Kranke, soweit sie sich zu Fuß bewegen konnten, unterwegs waren, sah ich plötzlich etwas Seltsames. Auf Fahrradrädern war ein großes Brett angebracht, auf dem ein Kranker mit drei breiten Lederriemen festgeschnallt war. Der Grund war schnell ersichtlich: Der Mann hatte eine stark ausgeprägte Schüttellähmung. Jeder Muskel seines Körpers, der nicht festgebunden war, zuckte unaufhörlich wie ein Motor, ein Anblick, der mich unversehens sprachlos machte. Was soll man angesichts einer solchen Krankensituation auch sprechen? Allgemeinrezepte hätten dabei sicher versagt. Ich musste aber gar nichts von mir geben, denn der Kranke sprach auf sehr eindringliche Weise zu mir, nicht mit Worten, aber mit seinem ausgestreckten linken Arm. Auch dieser war von der Schüttellähmung betroffen, zeigte aber auf ein montiertes Pappschild mit dem in gut lesbaren Buchstaben aufgedruckten Text: »Lasset euch versöhnen mit Gott!« Auf dieses Wort deutete der sich ständig in Unruhe befindliche linke Zeigefinger des Kranken. Er war wirklich »Botschafter an Christi Statt«,

> Er war wirklich »Botschafter an Christi Statt«, der an Christi Statt bat: »Lasset euch versöhnen mit Gott!« (2. Korinther 5,20).

der an Christi Statt bat: »Lasset euch versöhnen mit Gott!« (2. Korinther 5,20). Ich werde diese Begegnung, diese »Predigt« wohl mein Leben lang nicht mehr vergessen können, so prägnant war sie. Es war eine Begegnung mit einem Gesandten des Christus. Und die Predigt hatte ein klares seelsorgerliches Ziel: Der Prediger sucht den Menschen.

Wilhelm Busch

Durch schwerwiegende Kriegserlebnisse geprägt, fand ich im Jahre 1946 zum persönlichen Glauben an Jesus Christus. Fast automatisch war ich plötzlich interessiert am Gottesdienst und an der Verkündigung des Wortes Gottes. Dabei hatte ich eine besondere Vorliebe für eine griffige, aktuelle, bildhafte Sprache in der fröhlichen Art echter Jesusnachfolger. So war es nicht verwunderlich, dass ich damals als Student bald auf Gottesdienste eines Predigers mit dem Namen Wilhelm Busch stieß.

Die Art seiner Vorträge, ob in Gemeindegottesdiensten, Evangelisationen oder Jugendtreffen, sprach mich außerordentlich an. Die Freude und gleichzeitig der tiefe Ernst, mit denen er die Botschaft seinen Zuhörern sagte, waren ansteckend.

Intensiv habe ich zu jener Zeit versucht, im Umlauf befindliche Tonbandkassetten zu ergattern, sie zu hören. Später kamen noch die Publikationen mit den Predigten von Wilhelm Busch, seine weitverbreiteten *Kleinen Erzählungen* als aktueller Lesestoff dazu. Wenn Wilhelm Busch irgendwo in der Nähe predigte, bemühte ich mich im Rahmen meiner Möglichkeiten sehr darum – die Mobilität war in den damaligen Zeiten nicht so verfügbar –, ihn persönlich erleben zu können. Ich war viel zu schüchtern, diesen bekannten Mann bei Begegnungen einmal persönlich anzusprechen. Wie gerne hätte ich das getan!

Eines Tages lud mich dann ein befreundeter Gemeinschaftsprediger, der auch mit meinen Eltern gut bekannt war, ein, ihn zu besuchen. Dieser wohnte schon seit Jahren in dem kleinen Dorf Hülben auf der Schwäbischen Alb und wollte mir, dem jungen Studenten, ein geistlicher Begleiter sein. Zu meiner Überraschung war in jenen Tagen meines Besuches auch Wilhelm Busch in Hülben, sozusagen in seiner »alten Heimat«. Man nahm mich zu einem Gottesdienst in der dortigen Dorfkirche mit. An einem der Abende meiner »Ferienzeit« sagte plötzlich mein Gastgeber: »Ich würde dir vorschlagen, dass du heute Abend allein zur Bibelstunde in das alte Schulhaus gehst (wo die Vorfahren von Wilhelm Busch über Generationen hinweg Lehrer und »Stundenhalter« waren).« Diesem Vorschlag folgte ich gerne, und als ich bei meiner Ankunft den großen Raum betrat, versuchte ich mich etwas zu verdrücken. Zu meinem Erstaunen erlebte ich hier einen ganz anderen Wilhelm Busch. Den Besuchern aus verschiedensten Altersgruppen erklärte dieser wunderbare Mann tiefschürfend einen biblischen Text und brachte seinen Zuhörern die Bibel auf ganz liebevolle Weise nahe. Ich hatte den Eindruck gewonnen, dass es ihm ein besonderes Anliegen war, jeden einzelnen Anwesenden persönlich anzusprechen.

Ich war viel zu schüchtern, diesen bekannten Mann bei Begegnungen einmal persönlich anzusprechen. Wie gerne hätte ich das getan!

An das damalige Textwort, das er auslegte, kann ich mich heute leider nicht mehr erinnern, doch ich glaube, dass es ein Psalm gewesen ist. Mich faszinierte seine theologische, seelsorgerliche und doch so persönliche Art. Plötzlich erwähnte Wilhelm Busch eine Psalmenauslegung von Rudolf Abramowski, richtete seinen Blick ganz intuitiv auf mich in meinem »Versteck« und sagte mit dem Brustton der Überzeugung: »Sie kennen ja die Abramowski-Psalmenauslegung.« Hinter seinem zweifelsfreien Ausspruch war kein Fragezeichen. Nachdem ich noch nie zuvor mit ihm persönlich gesprochen und auch mit keiner Miene zu erkennen gegeben hatte, dass ich jene von ihm erwähnte Psalmenauslegung tatsächlich kannte, war ich total perplex, ja, man könnte auch sagen, ich war fassungslos. Im selben Moment gewann ich die Erkenntnis und den festen Eindruck, dass dieser vom Geist Gottes geprägte und erfüllte Mensch ein Bevollmächtigter des Christus war.

Anschließend kam Wilhelm Busch auf mich, den Unbekannten, zu und nahm mich mit in das geräumige Zimmer der Familie Kullen. Nun folgte die nächste Überraschung, denn es gab dort nicht nur geistliche Speise, sondern auch etwas ganz Habhaftes für den Leib. Wilhelm Busch saß mit noch einigen anderen Besuchern zusammen und erzählte uns von den großen Taten Gottes in einer ansteckenden Fröhlichkeit. Dabei konnte er ja so herzlich lachen.

Einige Jahre später begegnete ich ihm in einem ganz anderen Umfeld. Menschen über Menschen tummelten sich in einem großen, bereits überfüllten Zelt und warteten auf den bekannten Prediger Wilhelm Busch, um die Frohe und so eindeutige Botschaft von Jesus Christus zu hören. Nicht nur Kirchgänger trafen sich dort, auch so manche suchende Menschen waren dabei. Als Wilhelm Busch vor Beginn der Veranstaltung in einer vorderen Ecke des

Zeltes Platz nahm, war ihm die geistliche Verantwortung seiner Verkündigung vor den Tausenden direkt anzusehen. Da saß nicht der Strahlemann, sondern ein von der Verantwortungslast fast gebeugter Mann, der sich ganz seiner Abhängigkeit von Jesus Christus bewusst war. Und dann stand er auf, sprach mit einigen, die in seiner Nähe saßen, unter anderem auch mit mir, und bat sie eindringlich, mit ihm und für ihn zu beten, was wir vier oder fünf auch taten. Wilhelm Busch schloss diese spontane Gebetsgemeinschaft mit der herzlichen Bitte an Jesus, dass doch Menschen errettet werden mögen, die sonst verloren gingen. Als wir zusammengewürfeltes Häuflein Beter wieder aufblickten, war es mir, als hätte ich Tränen in den Augen von Wilhelm Busch gesehen, so ernst nahm er die Verkündigung, so sehr ging es ihm um die Rettung von Menschen, so sehr wusste er sich abhängig vom Wirken Gottes und so sehr lebte er auch dieses »Alles, Herr, bist du«.

Als Wilhelm Busch vor Beginn der Veranstaltung in einer vorderen Ecke des Zeltes Platz nahm, war ihm die geistliche Verantwortung seiner Verkündigung vor den Tausenden direkt anzusehen.

Eines Tages bekam ich über Wilhelm Busch ein Lied zugesandt, das er aus Norwegen mitgebracht hatte. Schnell und weit verbreitete es sich damals in der Jugendarbeit und ist inzwischen bis heute millionenfach publiziert worden. Dieses Lied, nachdem seine Botschaft immer die Botschaft von Jesus gewesen ist, könnte das Lebensmotto von Wilhelm Busch gewesen sein: Jesu Name nie verklinget.

Mit Freuden und einem dankbaren Herzen denke ich an die Begegnungen mit diesem eindrucksvollen Mann zurück.

Gertrud Wehl

An einem Abend im Winter 1955/56 kam Missionsinspektor Paul Wißwede zu einem Missionsvortrag in mein Heimatdorf. Er war damals Inspektor der Mission für Südosteuropa. Am nächsten Morgen hatte ich die Aufgabe, bei eisglatten Straßen den Referenten des Vorabends in einer abenteuerlichen Fahrt in eine 30 km entfernte Stadt zu bringen. In Paul Wißwede erkannte ich eine beeindruckende geistliche Persönlichkeit, was durch seine äußere Erscheinung noch sehr bekräftigt wurde. Diese Tatsache musste der Grund dafür gewesen sein, dass ich ihm während unserer Fahrt als erstem Menschen anvertraute, dass meine junge Frau mit dem ersten Kinde schwanger sei.

Obwohl wir mit dieser Mission bereits zuvor in Kontakt standen, war mir zu diesem Zeitpunkt nicht bewusst, dass Inspektor Wißwede schon einige Jahre früher Gertrud Wehl in die Arbeit seiner Mission berufen hatte. Als er sie damals fragte, für welchen Zweig der Missionsarbeit sie sich gerufen wusste, antwortete Gertrud Wehl spontan: »Für die Mission unter Zigeunern.« So kam sie also 1953 nach Hamburg-Wilhelmsburg, dort standen die Wohnwagen einer großen Sinti-Sippe. Es war ein schwerer Anfang mit viel Ablehnung. Gertrud Wehl brauchte jahrelanges Durchhaltevermögen, um den Sinti das Evangelium nahezubringen. Vor allem musste sie die Kinderherzen erreichen, um den Beginn ihrer Arbeit voranzubringen. Die Kinder waren der Schlüssel zum Herzen der Erwachsenen. Bei jedem Wetter ging Gertrud Wehl auf den Platz der Wohnwagen, um biblische Geschichten zu erzählen und mit ihrer Gitarre Kinderlieder zu spielen, die sehr bald von den fröhlichen Kindern an- und aufgenommen wurden. Die erwachsenen Sinti dagegen, die zwar in ihren Wagen sowohl die Botschaft als auch die Lieder hörten, doch Schwester Gertrud, wie man sie nannte, nur ganz selten in einen ihrer Wagen einluden, erwiesen sich als sehr schwierig. Wenn es aber doch geschah, dass sie von einer dieser Frauen eingeladen wurde, verwies der Ehemann Schwester Gertrud wieder aus dem Wagen. Es bedurfte das Ertragen von manchen Enttäuschungen und ebenso viel Treue und Hingabe in die Schwere der Arbeit, und dies über eine ganze Reihe von Jahren. Gertrud Wehl berichtete 1958 in einer Missionsveranstaltung in meinem Heimatort über ihren Dienst und ihre Erlebnisse. Vor der Versammlung war sie noch im Hause meines Vaters, der sie zu diesem Missionsabend eingeladen hatte. Wie mir Gertrud Wehl Jahre später erzählte, haben sie dort kniend miteinander gebetet. Im Rückblick auf damals sagte sie: »Das war das erste Mal, dass ein Bruder vor einer Missionsversammlung mit mir zusammen auf die Knie gegangen ist.« Das hatte sie doch sehr bewegt.

> Die Kinder waren der Schlüssel zum Herzen der Erwachsenen.

In Hamburg-Wilhelmsdorf standen früher – wie schon erwähnt – die Wohnwagen der Sinti. Darunter auch die Wohnwagen der Großfamilie Weiß. Sie war als das »Charlos-Weiß-Orchester« durch ihre Mitwirkung in vielen Konzerten und besonders durch ihre Mitwirkung in recht bekannten Filmen als »Zigeunerorchester« berühmt geworden.

Als dann 1962 über Hamburg die große Flutkatastrophe hereinbrach, wurde die ganze Sippe auf wunderbare Weise gerettet. Diese große Not und das besondere Eingreifen Gottes öffnete das Herz der Sinti für die Botschaft von Jesus. Der von Schwester Gertrud und anderen ausgestreute Same des unvergänglichen Wortes Gottes ging auf und es entstand eine Erweckung unter den Sinti. So sammelten sie sich in einfachsten Verhältnissen in der »Gemeinde Geborgenheit«. Dieses Wort »Geborgenheit« hatte schon eine existenzielle Bedeutung für die Sinti, nachdem das Nazisystem alle Sinti und Roma ausrotten wollte. In Psalm 83,4-5 sagt der Musiker Asaph: »Sie machen listige Anschläge wider dein Volk und ratschlagen wider deine Verborgenen. Wohl her! sprechen sie, lasst uns sie ausrotten, dass sie kein Volk seien, dass des Namens Israels nicht mehr gedacht werde!«

Diese große Not und das besondere Eingreifen Gottes öffnete das Herz der Sinti für die Botschaft von Jesus.

Aber Gott gedachte es anders zu machen. Ganz anders. Er rief Sinti heraus aus Not, Sünde und okkulten Verstrickungen und sammelte sie in der »Hütte Geborgenheit«, genauso wie es in Psalm 27,5 steht: »Denn er deckt mich in seiner Hütte zur bösen Zeit, er verbirgt mich heimlich in seinem Gezelt.« Dann hat diese Gemeinde getan, was schon David als sein Lebensmotto bekannte: »Ich will Lob opfern, will singen und lobsagen dem Herrn«

(Psalm 27,6). Die ganze Gemeinde praktizierte »Geborgenheit«, sie sangen und spielten zu Gottes Ehre in ihrer so unverwechselbaren Art und einer musikalischen Qualität, die ihresgleichen suchte. Was war das für eine Freude, mit ihnen zusammen musizieren zu dürfen, einfach als Lob und Dank für die Wunder Gottes.

Als ein besonderes Geschenk empfand ich es, als ein ganzes Orchester, die gesamte Gemeinde mich als ihresgleichen aufnahm und ich am Klavier mitimprovisieren durfte. Diese musikalischen Könner wollten sich nicht produzieren, wie so manch fromme selbst ernannte »Künstler«. Für sie war das einfach ein Teil ihres Wesens und Lebens. Immer wieder machte sich dann die »neue« Gemeinde zu Freizeiten im ganzen Land auf, die stets auch von Schwester Gertrud begleitet wurde, um da und dort Jesus zu bezeugen. Bei vielen dieser Freizeiten konnte ich teilnehmen und somit die »Familie« immer besser kennenlernen. Mit Freude stellte ich fest, wie gerne sie mich unter sich aufgenommen hatten, Opa Rudolf Weiß, der begnadete Geiger und Orchesterchef Kesa, August Kalo, ihr »Bürgermeister«, der Klarinettist Lolo, Kako und wie sie alle hießen. Lolo lud mich einmal zur Übernachtung in seinen Wagen in Hamburg ein, damals besaßen sie noch keine Wohnmobile. Was war das für eine Überraschung in diesem Wagen, nachts eine beleuchtete Beethovenbüste vorzufinden.

Als ein besonderes Geschenk empfand ich es, als ein ganzes Orchester, die gesamte Gemeinde mich als ihresgleichen aufnahm.

Bei meinem letzten Zusammensein mit den Sinti anlässlich einer Jubiläumsveranstaltung zur Erinnerung an die Erweckung nach der großen Flutkatastrophe demonstrierte Kako mir gegenüber meine »Familienzugehörigkeit«, indem er mich im voll besetzten großen Festzelt bat, doch meinen Familienstammbaum noch einmal gründlich zu überprüfen, da seien ganz sicher Sinti-Vorfahren dabei, so seine Mutmaßung.

Ist die Zusammengehörigkeit der Familie Gottes nicht wunderschön? Natürlich hatte sich in den folgenden Jahren so manches verändert, das konnte man schon auf dem Festplatz erkennen. Statt der üblichen Wagen standen jetzt auf dem Festplatz eine ganze Flotte großer Familien-Wohnmobile, das war nur ein äußeres Zeichen der Veränderung. Nach wie vor bin ich tief beeindruckt von der inneren Neuerung beziehungsweise Umkehr meiner Sinti-Freunde, die neben ihrer Gastfreundschaft, ihrer echten Freude, der großartigen Musik und ihrer Liebe klar und selbstverständlich bezeugten, was sie mit Jesus erfahren hatten und das auch wirklich lebten. Seine Wunder konnten sie glaubhaft mit Vollmacht und Kraft weitererzählen. An der großen Anzahl der Teilnehmer, die bei diesem Sinti-Treffen dabei waren, ließ sich erkennen, dass in der Zwischenzeit eine ganze Menge von Sinti-Gemeinden, die über das gesamte Bundesgebiet verstreut lagen, entstanden waren. Gott ist am Wirken, auch heute noch.

Alles fand seinen Anfang mit Gertrud Wehl, die eigentlich unvorbereitet, aber im Vertrauen auf die gute Führung Gottes die Berufung für die »Zigeuner-Arbeit«, wie man damals sagte, mutig auf sich nahm. Von den primitiven Anfängen auf dem Sinti-Platz über viel Ablehnung, häufiges Unverständnis auch seitens der Frommen, die eine tief sitzende Angst vor den »diebischen

Zigeunern« verspürten und nicht verstanden, dass Gott das Herz der Sinti verändert hatte, bis hin zu den Anforderungen einer veränderten Sippe war Schwester Gertrud in unwahrscheinlicher Treue und Hingabe die Triebkraft. In Regen und Schnee, in Sturm und Sonnenschein, in Freude und Enttäuschung und manchen fast unmöglichen Situationen konnte sie nichts von ihrer Mission abbringen, Jesus zu bezeugen und Gott stets die Ehre zu geben, ohne sich selbst in den Mittelpunkt zu stellen. Oft musste sie in der »Nacharbeit« der Erweckung mit Sinti, die ihre manchmal kriminellen Delikte bekannt haben, zu den verschiedenen Polizeistationen gehen, um die Unannehmlichkeiten zu klären. Das waren keine einfachen Spaziergänge, und trotzdem konnte sie immer wieder die Erfahrung machen, dass sie in vorbereitete Verhältnisse kam und dass sie in schwierigen Situationen den besonderen Schutz Gottes erleben konnte.

Die Begegnungen mit dieser außergewöhnlichen Frau über Jahrzehnte hinweg waren für mich ein Segen. Treue und Hingabe auch unter erschwerten Bedingungen waren das Markenzeichen dieser Botschafterin des Christus. Während andere Menschen sich normalerweise in den Ruhestand verabschieden würden, folgte in derselben Situation Schwester Gertrud einem erneuten Ruf Gottes. Russland, seine Menschen, seine Soldaten waren nun das neue »Missionsgebiet«. Viele russische Bibeln kamen dadurch in die Hände der in Ostdeutschland stationierten russi-

Während andere Menschen sich normalerweise in den Ruhestand verabschieden würden, folgte in derselben Situation Schwester Gertrud einem erneuten Ruf Gottes.

schen Soldaten. Auch im hohen Alter fuhr Gertrud Wehl immer wieder in das riesige russische Reich. Sie wurde nicht müde, das lebendige Wort Gottes zu verbreiten, bis sie vom Herrn im Alter von über 90 Jahren heimgerufen wurde.

Für mich war sie ein Vorbild im Sinne der von Paulus gebrauchten Worte, welche er einst an seinen jungen Freund Timotheus geschrieben hatte: »Sei ein Vorbild im Wort, im Wandel« (1. Timotheus 4,12). Dankerfüllt denke ich an Gertrud Wehl zurück.

Paul Siefer

Im Jahr 1939, kurz vor Beginn des Zweiten Weltkriegs, wurde der französische Pfarrer Paul Siefer von der Christlichen Versammlung zu besonderen Tagen der Wortverkündigung in mein Heimatdorf Plieningen eingeladen. Das Evangelium predigte er überzeugend und mit großer Freude. Als kleiner Junge konnte ich das aber noch nicht so richtig realisieren. Vielmehr war ich beeindruckt von der mächtigen Gestalt und dem großen Künstlerkopf des Predigers, ganz besonders als Paul Siefer zusammen mit seiner Frau viele Lieder zur Ehre Gottes sang.

Wie üblich, waren die Referenten in meinem Elternhaus untergebracht. Da wurde viel erzählt und noch mehr gesungen, soweit sich das zeitbedingt einrichten ließ, denn die Siefers waren mit vielen seelsorgerlichen Gesprächen beschäftigt.

Der sehr musikalische Paul komponierte hin und wieder mancherlei neue Melodien zu neuen Liedtexten, oftmals aber auch zu bereits bekannten Liedern, und sang sie, sich selbst auf dem Klavier begleitend, kräftig vor. Ich war für Musik immer ansprechbar, und schon als Zwölfjähriger hörte ich aufmerksam zu. Eine dieser neuen Melodien von Pauls Kompositionen zu dem älteren

Gesangbuchlied »Auf, ihr Christen, Christi Glieder«, die in diesen Tagen erklang, blieb mir jahrelang im Gedächtnis hängen.

Als diese besonderen Tage der Wortverkündigung in Plieningen beendet waren, reiste das Ehepaar anschließend in ein kleines Dorf auf der Schwäbischen Alb, um auch dort die Frohe Botschaft von Jesus Christus weiterzusagen. Gott bestätigte diese Verkündigung durch klare Bekehrungen und Segenswirkungen an Leib (Krankenheilungen durch Handauflegung) und Seele. Aber schon nach den ersten Versammlungsabenden tauchte plötzlich die Geheime Staatspolizei auf, wenn auch zunächst nur als Zuhörer. Für die Bauersleute vor Ort war das immerhin ein recht einschüchternder Vorgang, zumal dann ganz unerwartet das Pfarrersehepaar verhaftet wurde. Dies geschah ohne irgendeine Angabe von Gründen. Trotz des Versuchs der Geheimhaltung erregte das Ereignis ein gewaltiges Aufsehen im gesamten Dorf. Es gab keinerlei Informationen, im Gegenteil, man verhängte dazu noch eine strikte Auskunftssperre. Nun wurde nach dem Verbleib des Ehepaars gefragt, es wurden darüber Vermutungen angestellt, die aber alle ergebnislos blieben. Erst lange Zeit später, schon mitten im Krieg, sickerte auf geheimen Wegen die bruchstückhafte und unüberprüfbare Nachricht durch, dass Paul Siefer und seine Frau ins berüchtigte Konzentrationslager Dachau gebracht wurden. Dort hielt man sie fast fünf Jahre gefangen, wie wir erst lange nach Kriegsende erfuhren.

Aber schon nach den ersten Versammlungsabenden tauchte plötzlich die Geheime Staatspolizei auf, wenn auch zunächst nur als Zuhörer.

Während dieser Zeit der Gefangenschaft spielte ich mehrmals auf dem Klavier das Lied mit der neuen Melodie von Paul Siefer, wie sie sich einst in meinem Gedächtnis festgesetzt hatte. Noten dazu gab es freilich nicht, doch mein Vater – ich selbst konnte das damals noch nicht – schrieb dann, während ich spielte, jene Melodie auf und fertigte dazu noch einen Chorsatz, welchen er später in einer kleineren Auflage drucken ließ. (Melodien konnte ich mir übrigens immer viel besser merken als Texte.)

Jetzt, nach der langen, grausamen Gefangenschaft im Konzentrationslager, bekam besonders ein Vers des Liedes noch einen viel tieferen Sinn. Er war wie eine innere Vorbereitung auf das künftig kommende schwere Erleben. Ich sehe diesen Mann noch vor mir, wie er mit großer innerer Freude, die sehr ansteckend wirkte, die Zeilen aus seinem Lied sang:

Dass wir einst an jenem Morgen
stehn in seiner Klarheit Schein,
da das Leid dieser Zeit
werden wird zu lauter Freud.

Der Glaube von Paul Siefer musste sich in den so schweren Jahren der Haft bewähren. Seine innere Freude ist dem »Leid dieser Zeit« nicht gewichen.

Pfarrer Siefer habe ich nie wiedergesehen. Seine Spuren verloren sich in den gewaltigen Umbrüchen der ersten Nachkriegsjahre. Irgendwann hörte ich von weit entfernten Bekannten, die es meinem Vater weiterberichteten, dass er enttäuscht war, weil Brüder und Schwestern, Nachfolger Jesu Christi, sich so wenig dafür verwendet hatten, um seine Haftentlassung und die seiner Frau zu erreichen. Sicher bleiben an dieser Stelle noch Fragen offen, trotz einer ehrlichen Berücksichtigung der für Gläubige gefährlichen Zeiten, den fehlenden Informationen und Verkehrsmöglichkeiten.

Der Glaube von Paul Siefer musste sich in den so schweren Jahren der Haft bewähren.

Johannes Rau

Von vielen Menschen, auch von manchen Journalisten, immer wieder als der »gelernte Buchhändler« bezeichnet, begegnete ich dem Abgeordneten und späteren Ministerpräsidenten von Nordrhein-Westfalen erst, als er zum Bundespräsidenten gewählt wurde. Zweifellos war Johannes Rau durch seine Herkunft geprägt. Das Umfeld des zu früh verstorbenen Vaters – ein Mitarbeiter, mehr noch ein Evangelist im Rahmen des Hauptvereins des Blauen Kreuzes – war vor allem die Bekennende Kirche und Karl Immer, ohne den es die Barmer Erklärung von 1934 wohl nicht gegeben hätte. Das Elternhaus, in welchem der familiäre Tagesablauf durch eine klare Ordnung strukturiert war, diente allerlei Menschen als Zufluchtsstätte, auch für die von der Bahnhofsmission Mitgebrachten ohne jeden festen Wohnsitz. Zu den bereits erwähnten bestimmenden Ordnungen im Tagesgeschehen zählten hauptsächlich das tägliche Tischgebet, die Schriftauslegung bei den Mahlzeiten und das Lesen aus den Losungen der Herrnhuter Brüdergemeine.

Durch die gemeinsamen Aufgaben in unserem Leben als Buchhändler und Verleger hatten Johannes Rau und ich durchaus eine gewisse Affinität zueinander. Immer wieder gab es Kontakte durch Verlagsprodukte, interessante Publikationen und damit im Zusammenhang stehende Briefwechsel. Rau bezeichnete sich in einem seiner Briefe an mich als »Freund des Wortes, des gedruckten insbesondere«. In einem anderen Schreiben hieß es: »Wir leben heute in einer Welt, die die Spuren eines oft schleichenden Säkularismus zeigt. Dass Kinder zu Hause noch etwas von Gottes Wort hören oder gemeinsam mit ihren Eltern beten, ist selten geworden. Jeder einzelne Christ sollte sich fragen, wie er diesem Trend begegnen kann. Sie tun es als Verleger. Im christlichen Buch liegen sicher viele Chancen, die nicht ungenutzt bleiben sollten.«

Dass Kinder zu Hause noch etwas von Gottes Wort hören oder gemeinsam mit ihren Eltern beten, ist selten geworden.

Am 300. Geburtstag von Nikolaus Ludwig Graf von Zinzendorf gingen wir, Johannes Rau und ich, am Morgen dieses Tages zum »Gottesacker«, dem Friedhof der Herrnhuter Brüdergemeine auf dem Hutberg, um sein Grab zu besuchen. So berichtete der mitanwesende Matthias Schreiber, der in der Folge der damaligen gemeinsamen Gespräche dafür sorgte, dass der Bundespräsident Johannes Rau später ein Buch mit dem Titel *Geschichte in Porträts* im Hänssler-Verlag veröffentlichte, welches sogar ins Japanische übersetzt wurde. Ich erinnere mich noch ausgesprochen gerne an den sehr anregenden Austausch mit dem Bundespräsidenten, der ja eine besondere Beziehung zu Herrnhut und Zinzendorf hatte. (Schon im Februar 1998, noch als Ministerpräsident, machte er in einem Brief an mich nach seiner Unterschrift noch die handschriftliche Bemerkung: »der die Losungen seit 50 Jahren liest«.)

Johannes Rau äußerte sich damals in seiner Ansprache zum

300. Geburtstag Zinzendorfs am 26. Mai 2000 über die Gedichte des Grafen, die zwar für uns heute zuweilen eine fremde Sprache haben, aber manchmal doch sehr aktuell sind, so als ob sie für die gegenwärtige Zeit geschrieben wären, und erwähnte dabei folgende Zeilen:

> Wir wolln uns gerne wagen,
> in unsern Tagen
> der Ruhe abzusagen,
> die´s Tun vergisst. Wir wolln nach Arbeit fragen,
> wo welche ist, nicht an dem Amt verzagen,
> uns fröhlich plagen und unsre Steine tragen
> aufs Baugerüst.

Am Schluss kommentierte er das Ganze wie folgt: »Das hat höchste Aktualität. Und dann denkt man als älterer Mensch auch an das Lied ›Jesu geh voran‹ und überlegt: Wie oft kann dieses Lied für Menschen ein archimedischer Punkt in ihrem Leben gewesen sein, für Menschen, die niemand aus der Schwermut holt, die keine Perspektive mehr sehen.«

»Wie oft kann dieses Lied für Menschen ein archimedischer Punkt in ihrem Leben gewesen sein, für Menschen, die niemand aus der Schwermut holt, die keine Perspektive mehr sehen.«

Johannes Rau kannte sich gut aus im Liederschatz des Grafen Zinzendorf und konnte prächtig zitieren. Bei einem Empfang in Berlin war er wieder einmal stark mit Zinzendorf-Liedern beschäftigt und sagte dann vor den Gästen, indem er mich persönlich ansprach:

»Dieses Lied kennen Sie auch als Musikverleger nicht.« Einige Zeit später, im Januar 2004, stellte ich Johannes Rau die Frage nach seinem Zinzendorf-Lieblingslied, auf welche er ganz spontan antwortete: »König, gib uns Mut und Klarheit, einen willgen, einen muntern Jüngersinn, helle Augen in die Wahrheit und ein leichtes, lichtes Herze zum Gewinn, das einmütig, ehrerbietig wie die Engel vor dir stehe, bis dein Leben unsern Geist mit Kraft durchgehe!«

Bei einem Adventsempfang im Schloss Bellevue spielte ein Bläserchor viele bekannte Choräle. Johannes Rau sang sie alle, sehr zu meinem Erstaunen, Vers für Vers auswendig und fröhlich mit. Dabei ist mir und sicherlich auch ihm aufgefallen, dass ich in Liedtexten ein nicht zu überhörendes Defizit hatte.

Es war in der Tat ein besonderer Tag, als Johannes Rau, verbunden mit einem Besuch zu meinem Geburtstag, auch den Verlag besichtigte und vor der Belegschaft und nachher auch im kleineren Kreis eine Ansprache hielt. Nach diesem Anlass bekam ich von ihm einen bewegenden und aufschlussreichen Brief über sein Leben in der Verantwortung vor Gott und den Menschen.

Bei der schon erwähnten Ansprache anlässlich des 300. Geburtstages Zinzendorfs sagte Johannes Rau gegen Ende seiner Ausführungen:

> »Wir haben heute Morgen das Bild gesehen, vor dem Zinzendorf in Düsseldorf gestanden hat, ausgerechnet in Düsseldorf. Wir denken an die Unterschrift: ›Das tat ich für dich. Was tust du für mich?‹ Dann merkt man, es gibt Kernsätze, die verändern ein Leben. Zinzendorfs Leben haben sie verändert und damit

das Leben vieler, die nach ihm gekommen sind und die jetzt in vielen Ländern leben und von denen einige hierhergekommen sind heute. Und man ist dankbar, dass man dabei sein kann.«

Johannes Rau blieben schwere Zeiten der Krankheit nicht erspart. Noch im April 2005 schrieb er mir: »Da haben Sie mir wahrlich eine große Freude gemacht. Ich danke Ihnen herzlich für die Übersendung der Choral-CDs. Sie bauen auf und begleiten mich auf dem mühsamen Weg zur Genesung. Ich bin froh über jeden kleinen Schritt nach vorn und hoffe nur, dass es nun beständig und ohne Rückschläge aufwärtsgeht.«

Gott hatte einen anderen Plan mit ihm und hat ihn aus dieser Welt abgerufen. Dankbar blicke ich zurück auf so manche Begegnung, auch über seine Ansprache bei der Internationalen Berliner Begegnung in Spandau. Immer konnte ich die Spur Gottes in seinem von sehr vielen Verantwortlichkeiten gefüllten Leben entdecken. Etwas von dieser Spur wurde auch sichtbar in dem Umgang mit dem frühen, unerwarteten Tod seines Vaters, welcher ihn stark bewegte. Er schrieb darüber: »Jetzt rede ich von seinem Sterben, statt von seinem Leben zu erzählen. Auf dem Grabstein (Friedhof Barmen-Gemarke) steht etwas von seinem Leben, etwas, was im Originaltext eine Magd von einem Jünger sagt und was durchaus als Denunziation und nicht als Führungszeugnis gemeint war: ›Dieser war auch mit dem Jesus von Nazareth.‹«

Der Grabstein von Bundespräsident Johannes Rau in Berlin trägt dieselben aus seinem Leben erzählenden und wahrhaftigen Worte: »Dieser war auch mit dem Jesus von Nazareth.«

Manfred Wörner

Manfred Wörner, der damalige Bundestagsabgeordnete der CDU, besuchte das Gebetsfrühstück in Washington, D.C., USA. Im Rahmen dieser großen, mehrtägigen Veranstaltung fand auch ein besonderer Empfang des Botschafters der Bundesrepublik Deutschland für die anwesenden deutschen Parlamentarier in den Räumlichkeiten der Deutschen Botschaft statt. Bei diesem besonderen Anlass begegnete ich Manfred Wörner zum ersten Mal. Nach meiner Rückkehr nach Deutschland erzählte ich meinem Freund Professor Günther Schilling von diesem Zusammentreffen. Dabei erfuhr ich, dass Günther Schilling einen engen persönlichen Kontakt mit Manfred Wörner hatte, es war eine echte Freundschaft. Zu Günther Schilling muss ich noch erwähnen, dass er mich recht häufig auf seinem Rückweg von der Hochschule in meinem früheren Wohnort besuchte, um dort mit mir zusammen für die großen Anliegen unserer Gesellschaft und für die Verantwortlichen in Politik und Wirtschaft zu beten. Wir hatten einen guten persönlichen Kontakt und konnten daher auch sehr intensiv und ganz persönlich Fragen des Glaubens miteinander besprechen.

Leider verstarb mein großartiger, lieber Freund Günther Schilling unerwartet bei einer notwendig gewordenen schwierigen

Herzoperation. Manfred Wörner, ein versierter Starfighter-Pilot, damaliger Verteidigungsminister auf der Hardthöhe in Bonn, flog mit dem Bundeswehrhubschrauber ins schwäbische Gomaringen, um bei der Beerdigung seines Freundes Günther Schilling dabei sein zu können. Das war ein Zeichen dieser intensiven Freundschaft. Bei diesem Anlass traf ich Manfred Wörner wieder, der auch wusste, dass wir für ihn beteten, und hielt von da an, sozusagen als Nachfolger seines verstorbenen Freundes Günther, Kontakt mit ihm.

Bald darauf ereignete sich die Affäre Kissling und Manfred Wörner trat als Verteidigungsminister zurück. Inzwischen wurde mehr über diese ganze Sache bekannt und man wusste, welche Rolle die Staatssicherheit der DDR dabei gespielt hatte. Das war für Manfred Wörner eine recht schwere Zeit, die er durchstehen musste.

Er war eine wirkliche Kapazität und wurde infolgedessen nach Brüssel berufen und dort zum Generalsekretär der NATO ernannt. Für diese hoch verantwortliche Position war er genau der richtige Mann. Aufgrund unserer persönlichen Beziehung entwickelte sich zwischen uns ein Briefwechsel, in welchem wir uns vor allem auch über eine Reihe von Publikationen austauschten. Manfred Wörner teilte mir mit, dass er unsere Verlagsveröffentlichungen am Büchertisch in Brüssel kaufen würde. In der Reaktion auf eine Publikation schrieb er: »Die Bibel ist der Maßstab. In letztendlicher

»Die Bibel ist der Maßstab. In letztendlicher Konsequenz wird politisches Handeln von Christen erst christlich, wenn die Motivation dazu nicht menschengemachte Ideologie, sondern gottgesetzter Maßstab ist.«

Konsequenz wird politisches Handeln von Christen erst christlich, wenn die Motivation dazu nicht menschengemachte Ideologie, sondern gottgesetzter Maßstab ist. Diese Erkenntnis gibt uns die Kraft und nimmt uns in die Pflicht.«

Unsere Verlagsarbeit hat er auch aus der Ferne immer mitverfolgt. In einem seiner Briefe fügte er handschriftlich noch hinzu: »Gott segne Sie und Ihre Arbeit!« Manfred Wörner war bekannt für seine ungeheure Schaffenskraft, die allerdings durch einige Krebsoperationen beeinträchtigt wurde, und die Schatten des Todes lagen schon bald auf ihm. Fast bis zum letzten Tag seines Lebens setzte er noch entscheidende Weichenstellungen innerhalb der NATO durch und bereitete dann seine eigene Beerdigung vor. Für den Trauergottesdienst legte er im Vorfeld jeden Gesangbuchvers, der gesungen, und jeden Bibelvers, der gesprochen werden sollte, fest und bat dann unseren früheren Landesbischof Theo Sorg, die Predigt beim Trauergottesdienst zu übernehmen. Manfred Wörner war es sehr wichtig, eine christuszentrierte Botschaft für die Trauergemeinde weiterzugeben. Und dann bestimmte er noch als Bibeltext für die Beerdigungspredigt einen Vers aus Jesaja 53,5: »Durch seine Wunden sind wir geheilt.« Theo Sorg sagte mir damals in einem Gespräch, er hätte in all den Jahrzehnten, auch nicht als damaliger Landesbischof, bei einer Beerdigung über dieses Textwort gepredigt.

Die Kirche in Göppingen, nahe seinem Wohnort Wäschenbeuren, war überfüllt, viele hohe Offiziere, Generäle und Verantwortungsträger in Politik und Gesellschaft aus dem ganzen NATO-Bereich waren anwesend. Es war für mich ergreifend mitzuerleben, wie dieses Wort »Durch seine Wunden sind wir geheilt« zum Leben schaffenden Zuspruch des Evangeliums für die Anwesenden wurde. In einem anderen Kapitel des Propheten Jesaja steht: »Mein Wort soll nicht leer wieder zu mir kommen, sondern tun, was mir gefällt, und soll ihm gelingen, dazu ich es sende« (Jesaja 55,11). Diesem Wort, das nach Johannes 17,17 die Wahrheit ist, will ich ganz vertrauen. Das Evangelium ist weder eine Diskussion noch eine Debatte, es ist eine Ankündigung.

Das Evangelium ist weder eine Diskussion noch eine Debatte, es ist eine Ankündigung.

Steinar Riksassen

Man könnte diese Begegnung mit der Überschrift »Er aber tut alles fein zu seiner Zeit« (Prediger 3,11) überschreiben.

Mit unseren Freunden Ernst und Irmela Decker waren wir auf eine Ranch in den Rocky Mountains eingeladen. Dort sollte eine Freizeit – so würde man es in Deutschland wohl nennen – für Menschen in Verantwortung, besonders aus dem politischen Bereich, stattfinden. Eingeladen waren Verantwortliche aus einer Vielzahl von Ländern.

Glücklicherweise chauffierten uns unsere Freunde dorthin, da ich in fremden Ländern nicht so gern selbst Auto fahre. Auf der Hinfahrt, es war schon Nacht geworden, fuhren wir über einen Pass hoch in den Bergen über ein auf der Straße liegendes Stinktier. Ich meine heute noch, diesen Gestank zu riechen. Die Ranch war für dieses Treffen gemietet und bot neben einer grandiosen Sicht auf die wunderbare Bergwelt noch viele herrliche Optionen der Freizeitgestaltung. Allein 120 Reitpferde waren dort, es gab einen Golfplatz, ein Schwimmbad und allerlei andere Alternativen. Das Zentrum unseres Beisammenseins aber war die tägliche Beschäftigung mit dem Leben von Jesus Christus. Immer wieder berichteten dann auch Einzelne dieser Verantwortungsträger persönlich, was ihnen Jesus in ihrem Leben bedeutet. Wir hatten eine unwahrscheinlich gute Gemeinschaft untereinander, trotz der sehr verschiedenen Herkunftsländer. Natürlich waren die wunderschönen Rocky Mountains eine Attraktion für sich und sozusagen eine Möglichkeit, das Schaffen Gottes in der Natur live zu erleben.

Am dritten Tag fand sich ein Ehepaar, ein Kongressabgeordneter mit seiner Frau, spontan zu dieser »Freizeit« ein. Ich hatte die Frau übrigens schon Jahre zuvor als Sekretärin meines Freundes Charles Colson kennengelernt. Der Kongressabgeordnete schien mir äußerst bedrückt zu sein, denn er hatte gerade seine Wiederwahl als Abgeordneter verloren. Für einen Parlamentarier in den USA ist das keine einfache Sache. Wir führten deshalb auch viele Gespräche zusammen und wurden sehr bald wirkliche Freunde. Don, so hieß der Abgeordnete, war sehr dankbar für die miteinander verbrachte Zeit, besonders aber auch für die gemeinsamen Gebete. Natürlich bewegte ihn die brennende Frage: Was hat Gott jetzt mit mir vor? Wie gestaltet Gott nun mein weiteres Leben – mit oder ohne Politik? Dabei muss unbedingt berichtet werden, dass Don bei der neuen Regierung als Wirtschaftsminister in Betracht gezogen wurde.

Wir hatten eine unwahrscheinlich gute Gemeinschaft untereinander, trotz der sehr verschiedenen Herkunftsländer.

Ich denke, es war gut, dass wir uns begegnet sind und gemeinsam vor Gott unser Herz ausschütten konnten. Mein lieber neuer Freund Don hatte bald den Schock der verlorenen Wiederwahl überwunden. Er ist noch heute in maßgebender Stellung tätig. Wenige Jahre später war er auf meine Anfrage hin sofort bereit, nach Moskau zu fliegen, um dort bei unserem Gebetsfrühstück mit Abgeordneten aus der Duma (Volkskammer des russischen Parlaments) die Hauptansprache zu halten. Es herrschte ein sehr gutes, freundschaftliches Zusammensein und bis heute bin ich dankbar dafür, dass Don auf Anhieb zu uns nach Moskau kam, um dort vor den russischen Parlamentsabgeordneten ein lebendiges Zeugnis für Jesus Christus abzugeben.

Am vierten Tag kam zu dieser »Freizeit« ein Norweger hinzu, welcher ganz in der Nähe bei einer internationalen Pädagogentagung zugegen war und dabei – eigentlich mehr oder weniger zufällig – auf unsere ihm ganz unbekannte Gruppe stieß. Er schien irgendwie interessiert und blieb wohl deshalb zur Abendveranstaltung, bei der Einzelne aus ihrem Leben erzählten und davon berichteten, wie sie Jesus begegnet sind. An diesem Abend wurde auch ich aufgefordert, etwas aus meinem Erleben mit Jesus zu berichten. Meine Geschichte berührte den norwegischen Besucher sehr. Er wechselte dann von der Pädagogentagung zu unserer Gruppe. Es gab einige sehr tief gehende Gespräche mit ihm, und am letzten Tag dieser »Freizeit« sprach er noch mit dem Leiter Douglas Coe. Nach dem Gesamtfoto der Gruppe – der letzten gemeinsamen Unternehmung vor dem Abschied – eilten die Teilnehmer in alle Himmelsrichtungen davon.

In großer Dankbarkeit flogen meine Frau und ich wieder nach Deutschland zurück. Wenige Wochen später erhielten wir die Nachricht von Steinars Frau aus Oslo – so lautete der Vorname des »Norwegers« –, dass ihr Mann so fröhlich von Colorado zurückgekommen sei und ein ganz anderer Mensch geworden sei. Leider müsse sie uns aber mitteilen, dass es ihm gesundheitlich gar nicht gut gehe und die Ärzte bei ihm einen Gehirntumor festgestellt hätten. Wir waren sehr bestürzt und konnten uns das bei diesem aktiven, hochintelligenten Mann, eine ausgesprochene Führungspersönlichkeit, gar nicht vorstellen. Steinar war übrigens in Oslo für das ganze Schulwesen der Hauptstadt des Landes zuständig und außerdem für das Amt des nächsten Kultusministers in Norwegen im Gespräch.

Dann hörten wir von der anstehenden Gehirnoperation. Unsere Freunde Ernst und Irmela Decker flogen nach Oslo, um ihn zu besuchen, und über seine Frau Aud bat er darum, dass meine Frau und ich doch auch kommen sollten. Nun konnte aber meine Frau nicht so einfach unsere sechs Kinder zurücklassen. Deshalb beschlossen wir, dass ich allein dorthin fliegen sollte. Ein zwiespältiges Gefühl überkam mich, denn offen gesagt, gehören Krankenbesuche sicher nicht zu meinen Stärken! Mein Eindruck aber war eindeutig und klar, ich wusste, dass ich dorthin gehen musste.

In Oslo holte mich seine Frau Aud mit dem Auto am Flughafen ab. Ich erschrak sehr, als ich Steinar wiedersah. Er war mit im Auto, allerdings auch sein Rollstuhl, und sichtlich von der schweren Kopfoperation gezeichnet. In all seinen Äußerungen konnte man ihm die Freude über mein Kommen abspüren. Obwohl es ihm gar nicht gut ging, wollte er mir unbedingt noch die berühmte Skiflugschanze Holmenkollen zeigen. Wir fuhren mit dem Auto dorthin und er ließ es sich nicht nehmen, mir vom Rollstuhl aus vieles zu erklären.

Am nächsten Tage hatte ich dann einige Zeit, um mit ihm zu sprechen. Wir beteten auch miteinander und breiteten vor unserem himmlischen Vater all die großen Sorgen und Probleme aus. Steinar schien bereit, den Weg Gottes für sich zu akzeptieren, auch wenn die Krankheit für ihn doch eine schwerwiegende Veränderung seines Lebens bedeutete. Ich las ihm einiges aus der Bibel vor, Worte, die in seine Situation hineinsprachen, und konnte dann auf seinem sehr schönen Konzertflügel, welcher im Wohnzimmer stand, für ihn bekannte Lieder spielen, auch einige jener Lieder, die wir in den Rocky Mountains in Colorado miteinander gesungen hatten. Es war ein ganz besonderes Zusammensein, zu dem noch zwei seiner vier Kinder dazukamen. Später wollte mir Steinar dann unbedingt noch sein neues Wohnhaus zeigen, das gerade im Rohbau fertiggestellt worden war. Deutlich konnte ich spüren, dass ihn alles Tun äußerst anstrengte. Unausgesprochen stand nun die Frage im Raum, was wohl jetzt damit weiter geschehen würde.

Wir beteten auch miteinander und breiteten vor unserem himmlischen Vater all die großen Sorgen und Probleme aus.

Den früheren Steinar zu kennen, kraftvoll, intelligent, aktiv, und ihn jetzt im Rollstuhl in großer Schwachheit zu sehen, war für mich eine kaum fassbare und bewegende Situation. Und trotzdem hatte ich den Eindruck, dass Gottes Kraft in dieser Schwachheit mächtig ist. Am Wochenende musste ich dann Abschied nehmen. Nach unserem gemeinsamen Gebet wollte Steinar meine Hände gar nicht mehr loslassen. Beide haben wir gespürt, dass es wohl das letzte Mal sein würde, dass wir uns auf dieser Erde sehen.

Diese Tatsache hat unsere kurze Freundschaft so sehr vertieft. Im wunderschönen Wohnzimmer hing irgendwie ein Stück Ewigkeit. Ich konnte meinen Freund Steinar nur der Hand des guten Hirten anvertrauen und ihm seinen Segen zusprechen. Auf meinem Rückflug beschäftigte ich mich natürlich noch recht intensiv mit Steinar und seiner Familie. Große Dankbarkeit erfüllte mich, dass ich diesen Besuch unternommen hatte.

Und trotzdem hatte ich den Eindruck, dass Gottes Kraft in dieser Schwachheit mächtig ist.

Wenige Wochen später kam dann die Nachricht vom Heimgang Steinars. Seine Frau Aud sagte mir am Telefon nochmals: »Steinar ist seit Colorado ein ganz anderer Mensch geworden. Er ist Gott begegnet und dafür bin ich so dankbar.«

Es vergingen einige Jahre und wir standen immer wieder in Kontakt mit Aud, sowohl schriftlich als auch telefonisch, ebenso über gemeinsame Freunde. Wir hofften sehr, dass sie uns einmal besuchen würde. Dazu kam es leider nie. Aud war doch stark beschäftigt mit dem Ordnen all jener Dinge, die so unerwartet über sie hereingebrochen waren. Wer konnte sich auch nur ansatzweise vorstellen, dass dieser in den besten Jahren seines Lebens stehende Mann so schnell abgerufen würde! Aud musste leider eines der Häuser verkaufen. Wir haben dann den Kontakt etwas verloren.

Jahre später war ich wieder einmal, wie schon so häufig, beim *National Prayer Breakfast* in Washington. Die Aufzüge in dem Hotel, in welchem dieser große Anlass stattfand, waren alle überbelegt und davor warteten lange Schlangen. Ich hielt es für eine gute Idee, die Nottreppe zu Fuß zu gehen, sieben Stockwerke nach unten. Unterwegs begegnete mir auf der Treppe nach oben ein Abgeordneter des Europäischen Parlamentes aus Norwegen. Wir hatten uns schon mehrfach gesehen und gesprochen. Deshalb sagte er sofort geradeheraus: »Letzte Woche habe ich Aud getroffen. Weißt du eigentlich, dass sie damals bei deinem Besuch ihr Leben Gott ausgeliefert hat?« Ich musste ihm sagen: »Nein, Lars, ich weiß das absolut nicht.«

Gottes Wirken, Gottes Rufen, die Art, wie Gott arbeitet und ein Leben gestaltet, wie er Begegnungen mit unvorhersehbaren Nachwirkungen schenkt, wie er Menschen zusammenführt, individuell, ganz persönlich und maßgeschneidert in unser Leben eingreift, ist immer wieder neu, anders, unabsehbar und überraschend. Manchmal ist das, was aus einer Begegnung entsteht, ganz und gar überwältigend. In diesem Zusammenhang erinnere ich mich an ein Wort aus Jesaja 26,12: »Denn alles, was wir ausrichten, das hast du uns gegeben.«

»Denn alles, was wir ausrichten, das hast du uns gegeben.«

Nachwort

Ein besonderes Vorrecht des Alters ist die Möglichkeit der Rückschau und gleichzeitig auch die Vorschau als ein sich auf der Zielgerade Befindlicher. Nur wer die Zukunft kennt, kann nämlich auch die Vergangenheit verstehen.

Ich bin unendlich dankbar für unzählige Begegnungen, die mir geschenkt wurden. Nur ganz wenige davon werden in diesem Buch öffentlich gemacht. Es sollte von meiner ganzen Intention her ganz sicher keine Aufzählung sehr vieler bekannter, prominenter Persönlichkeiten sein, mit denen ich zusammengetroffen bin. Deshalb werden nur Menschen beschrieben, die mein Leben in irgendeiner Weise beeinflusst haben als Vorbild und Hoffnungsträger für meine Lebensführung, und das waren oft ganz schlichte Menschen. Sie waren Vorbilder nicht aus sich selbst heraus, sondern weil sie sich von der Schöpferkraft Gottes ausprägen ließen. Ich aber muss geradestehen für jene Vorbilder, die ich für mich persönlich auswählte. Menschen, in deren Leben Christus selbst lebte, die mir echte Wegweiser waren, um mich auf meinen Lebenswegen nicht zu verirren.

Bei meinen sehr vielen Begegnungen bin ich manchen einfach so in die Arme gelaufen und habe dabei feststellen müssen: »In ausnahmslos jeder Begegnung liegt eine persönliche Verantwortung – vor Gott und vor jenem, dem wir begegnen –, von welcher kein Mensch dieser Welt entbunden ist.« Ich denke übrigens, auch die Reifung in einem Menschenleben geschieht durch Begegnung.

Lebenszeit ist auch immer Bedenkzeit und dabei fällt mir auf, dass manche Führungen Gottes erst im Rückblick deutlich zu erkennen sind.

Das unvergängliche Wort Gottes gibt uns, gibt mir Gewissheit in Führungsfragen: »Ich will dich unterweisen und dir den Weg zeigen, den du wandeln sollst; ich will dich mit meinen Augen leiten« (Psalm 32,8). Diese konkrete Zusage wird bestätigt in Psalm 48,15: »Wahrlich, das ist Gott, unser Gott für immer und ewig. Er ist's, der uns führet.«

Im Rückblick auf viele Lebensjahrzehnte wurde mir zur wichtigen Erfahrung: Führung durch Jesus Christus bedeutet immer: »Alles ist sein Geschenk«. Wenn er auf die Spuren meiner Füße achtet, ist das ein unverdientes Geschenk. Aber Führung durch Gott heißt auch immer: »Ich komme in vorbereitete Verhältnisse.«

Für diese einzigartige Führungsqualität bin ich unendlich dankbar, die darin erfahrene und ausgeübte Liebe aus Gott ist der unzerstörbare Reichtum meines Lebens.

Mein persönlicher Dank gilt den Mitarbeitern von SCM Hänssler in den verschiedenen Buchproduktionsbereichen zur Begleitung des ganzen Herstellungsprozesses.

Ein besonderer Dank geht an Simone Martin für ihre intensive und hilfreiche Mitarbeit und die wertvollen Vorschläge für die inhaltliche Textgestaltung.

Friedrich Hänssler

Dezember 2016